हिन्दी शब्दों की रचना, भाग २: उपसर्ग

힌디어 단어형성법 II

접두사

최종찬, Om Nath Bimali, 김용정 공저

본 교재는 2020년 정부(교육부 국립국제교육원) '특수외국어교육 진흥사업'의 지원을 받아 수행된 결과입니다(CFL-한국-2020-힌디-교재-11).

हिन्दी शब्दों की रचना, भाग २: उपसर्ग

힌디어 단어형성법

접두사

II

최종찬, Om Nath Bimali, 김용정 공저

HUiNE

책을 내면서

산스끄리뜨어 문법가들의 설명에 의하면, 산스끄리뜨어 어휘의 대부분은 어근에서 파생하였습니다. 각 어근은 접미사와 결합하여 동사나 명사, 형용사 등을 파생하며 다른 한편으로 접두사와 결합하여 새로운 의미를 갖는 단어를 파생하기도 합니다. 어근은 모두 이천여 개에 달하며 이들 중 상당수의 어근은 각각 여러 개에서 수십여 개의 접두사들과 결합하여 새로운 단어를 형성합니다. 또한 접두사는 어근과만 결합하는 것이 아니라 단어와도 결합하여 이차적으로 새로운 단어를 만들기도 합니다. 이를 비추어 볼 때 산스끄리뜨어에서 생각보다 많은 단어들이 접두사와의 결합을 통해 형성되었음을 알 수 있습니다.

힌디어에서도 새로운 단어를 형성하는 수단으로 접두사가 갖는 역할은 대단합니다. 힌디어에서의 접두사의 현황을 보면 조어가 되는 산스끄리뜨어의 접두사나 단어들이 힌디어의 접두사로 사용되는 경우와 산스끄리뜨어의 접두사나 단어들이 그 형태가 변한 후 사용되는 경우가 절대 다수를 차지하며, 아랍어나 페르시아어 등에서 유래한 접두사들도 상당수 있습니다. 그리고 힌디어 자체의 접두사들도 드물게 찾아볼 수 있습니다. 사용 빈도가 높은 접두사들만 헤아려도 48개를 훨씬 웃돌며 각 접두사는 수십 개에서 수백 개씩의 단어를 형성하는 데 참여하고 있습니다. 모두 합하면 수천 개의 단어가 접두사와 밀접하게 관련되어 있는 것입니다. 따라서 한정된 수의 접두사들에 대해 그 의미와 기능을 잘 이해한다면 힌디어의 어휘를 정복하는 데 큰 도움이 될 것입니다.

이러한 취지에서 이 책이 준비되었습니다. 힌디어에서 사용 빈도가 높은 접두사들을 대상으로 그 유형별로 4부에 나누어 담았습니다. 각 접두사를 대상으로 접두사의 의미를 이해하는 데 도움이 되는 단어들과 함께 예문들을 준비하였습니다. 접두사를 익히는 데 보탬이 될 수 있도록 사이 사이에 연습문제도 추가하였습니다. 이 책을 통해 힌디어의 접두사를 이해하고 어휘력을 증강하면서 즐거움을 느낄 수 있기를 기원합니다.

끝으로 이 책의 출판에 도움을 주신 한국외국어대학교 지식출판콘텐츠원 선생님들께 심심한 감사를 표합니다.

2021년 8월

저자 일동

차례

1 따뜨삼 접두사

2 따뜨삼 단어에서 온 접두사

3 따드바브와 고유힌디어 접두사

4 아가뜨 접두사

1부
따뜨삼 접두사

1과

अति

अति는 산스끄리뜨어의 어근 अत् '가다'에서 파생한 불변화사로서 '끝 지점까지 도달한', '매우 많은' 의 의미를 나타낸다. 접두사로 쓰여서는 ①양이나 무게가 생각보다 매우 많은, ②기준이나 규범 한계를 넘은, ③보통보다 더 나아간 등을 나타낸다.

1. मात्रा की दृष्टि से बहुत अधिक (양 등이) 과다한, 과도한

(i) अतिशीतल [अति + शीतल 차가운] ⓐ 매우 차가운

- अतिशीतल जल नहीं पीना चाहिए।
  너무 차가운 물을 마시지 않아야만 한다.

- यहाँ का मौसम अतिशीतल है।
  여기의 날씨는 극도로 춥다.

- उसका स्वभाव अतिशीतल था।
  그는 성격이 매우 쌀쌀맞았다.

(ii) अतिउत्पादन [अति + उत्पादन 생산] ⓜ 과잉 생산

- उस साल गेहूँ का अतिउत्पादन हो गया था।
  그해 밀이 과잉 생산되었다.

• अतिउत्पादन के कारण धान का भाव गिरेगा।
과잉 생산 때문에 쌀값이 떨어질 것이다.

• किसी भी चीज़ का अतिउत्पादन अच्छा नहीं है।
어떤 물건이든 과잉 생산은 좋지 않다.

2. सीमा से आगे बढ़ा हुआ (한계, 경계를) 넘어선, 지나간

(i) अतिक्रमण [अति + क्रमण 감] ⓜ 위반, 위배, 침해, 침범

• हमें कभी भी अपने अधिकारों का अतिक्रमण नहीं करना चाहिए।
우리는 절대로 자신의 권한을 넘어서지 않아야만 한다.

• हमारे सैनिकों ने कभी भी सीमा का अतिक्रमण नहीं किया।
우리의 군인들은 절대로 국경선을 넘지 않았다.

• तुम मर्यादा का कभी अतिक्रमण नहीं करते।
너는 규범을 절대 넘어가지 않는다.

(ii) अतींद्रिय [अति + इन्द्रिय 감각] ⓐ 느낄 수 없는, 감지할 수 없는, 감각을 넘어선

• आत्मा अतींद्रिय पदार्थ है।
영혼은 감각을 넘어선 대상이다.

• अतींद्रिय विषय को हम आँख से कैसे देख सकते हैं?
감지할 수 없는 대상을 우리가 어떻게 눈으로 보겠는가?

• कुछ अनुभव अतींद्रिय होते हैं।
어떤 경험은 감각을 넘어선 것이다.

(iii) अतीत [अति + √इ 감] ⓐ 과거의, 지나간 ⓜ 과거

- अतीत में मानव शायद अधिक ख़ुश था।
  과거에 인간은 매우 행복했었던 것 같다.

- भारत का अतीत राजा–महाराजाओं की कथाओं से भरा हुआ है।
  인도의 과거는 왕과 황제들의 이야기로 가득하다.

- यह बात अब अतीत हो गई।
  이 일은 이제 지나간 일이다.

3. साधारण से बहुत अधिक बढ़कर 보통보다 훨씬 더한

(i) अतिकाय [अति + काय 몸] ⓐ 거구의, 거대한, 아주 큰

- वहाँ हमने एक अतिकाय मानव को देखा।
  거기에서 우리는 한 아주 큰 사람을 보았다.

- तुम आजकल इतने अतिकाय कैसे हो रहे हो?
  너는 요즈음 몸집이 어떻게 이토록 거대해지는가?

- उस अतिकाय पहलवान को देखकर बच्चा डर गया।
  그 몸집이 큰 씨름 선수를 보고 아이가 겁먹었다.

(ii) अतिप्रसन्न [अति + प्रसन्न 기쁜] ⓐ 매우 기쁜

- पिताजी से मिलकर वह अतिप्रसन्न हुआ।
  아버지와 만나서 그는 매우 기뻤다.

- क्या बात है आज आप अतिप्रसन्न लग रहे हैं!
  무슨 일이에요, 당신 오늘 대단히 기뻐 보이시네요!

• स्वदेश लौटकर मैं अतिप्रसन्न हूँ।
본국에 돌아와서 나는 매우 기쁘다.

2과

अधि

अधि는 산스끄리뜨어의 어근 धा '쥐다'에서 파생한 접두사로서 ①위에, 높은, 으뜸의, ②더 많거나 추가적인, ③관련된, ④보통이나 중간보다 더한 등의 의미를 나타낸다.

1. मुख्य 으뜸의, 주요한

(i) अधिनायक [अधि + नायक 지도자] ⓜ 최고 지도자, 수장, 우두머리, 독재자

- इस झुंड का अधिनायक कौन है?
  이 무리의 우두머리는 누구입니까?

- हिटलर जर्मनी का अधिनायक बन गया है।
  히틀러는 독일의 독재자가 되었다.

- एक दिन मैं इस देश का अधिनायक बनूँगा।
  어느 날 나는 이 나라의 지도자가 될 것이다.

(ii) अधिपति [अधि + पति 주인] ⓜ 주인, 대장, 왕, 총괄자, 책임자

- दशरथ अयोध्या के अधिपति थे।
  다슈라타는 아요다의 왕이었다.

- इस आश्रम का अधिपति एक बड़ा सन्यासी है।
  이 아슈람의 책임자는 위대한 수도사이다.

- तुम तो अपने आपको हमारा अधिपति समझ बैठे?
  너는 자신을 우리의 대장이라고 생각했었니?

(iii) अधिष्ठाता [अधि + ष्ठाता 머무른 자] ⓜ 책임자, 관리자, 수호자, 통치자

- वे इस गुरुकुल के अधिष्ठाता है।
  그는 이 구루꿀(교육 기관)의 교장이다.

- इस व्यवस्था का अधिष्ठाता कौन है?
  이 조직의 책임자는 누구입니까?

- इन्द्र स्वर्ग का अधिष्ठाता देवता है।
  인드라는 천상계의 수호신이다.

2. से अधिक 더 많은, 추가적인

(i) अधिमास [अधि + मास 월] ⓜ 윤달

- सन् 2020 में अधिमास के कारण दो आश्विन माह रहे थे।
  2020년에 윤달 때문에 아슈빈달(힌두력에서 7번째 달로 9월–10월)이 두 번 있었다.

- अधिमास चंद्र वर्ष का एक अतिरिक्त भाग है।
  윤달은 음력의 추가 부분이다.

- हर तीन साल में अधिमास होता है।
  3년마다 윤달이 있다.

(ii) अधिकर [अधि + कर 세금] ⓜ 부가세

- आपकी कमाई पर इस बार 2 प्रतिशत का अधिकर लग रहा है।
  당신의 수입에 이번에 2퍼센트의 부가세가 붙는다.

- हम तो अधिकर से परेशान हैं।
  우리는 부가세로 괴롭다.

- अधिकर से आया धन सरकार शिक्षा में लगाएगी।
  부가세로 거둬들인 돈을 정부는 교육에 쓸 것이다.

3. संबंध 관련된

(i) आध्यात्मिक [अधि + आत्मिक 정신의] ⓐ 정신적인, 영적인

- योगी लोग निरंतर आध्यात्मिक चिंतन में रहते हैं।
  수행자는 계속해서 영적인 숙고에 머문다.

(ii) आधिभौतिक [अधि + भौतिक 물질의] ⓐ 물질의, 물질적인

- अमेरिका की आधिभौतिक उन्नति बहुत हुई।
  미국의 물질적인 발전이 매우 이뤄졌다.

(iii) आधिदैविक [अधि + दैविक 신의] ⓐ 초자연적인, 신적인

- आज पूरी दुनिया एक आधिदैविक समस्या से परेशान है।
  오늘날 전 세계는 하나의 초자연적인 문제로 고통을 받는다.

4. साधारण अथवा मध्यम से बढ़कर **보통 이상의**

(i) अधिप्रचार [अधि + प्रचार 전파] ⓜ 선전, 홍보, 전파, 확산

- इस बात का अब अधिप्रचार हो गया है।
  이 이야기가 이제 퍼뜨려졌다.

- मच्छरों का शहर में अधिप्रचार था।
  도시에 모기들이 퍼져 있었다.

- तुमने मेरे साथ दोस्ती का अधिप्रचार किया।
  너는 나에게 우정을 전파했다.

3과

अनु

अनु는 산스끄리뜨어의 어근 अन् '살다'에서 파생한 접두사로서 ①뒤에, 나중에, ②올바른, 규칙적인, ③매(每), ④번번이, 여러 번, ⑤대등하거나 같거나 유사한 등의 의미를 나타낸다.

1. पीछे 후(後), 다음, 뒤

(i) अनुचर [अनु + चर 가는 자] ⓜ 수행원, 종인, 하인

- राजा के साथ सैकड़ों अनुचर चल रहे थे।
  왕과 함께 수백 명의 수행원들이 가고 있었다.

- मैं कोई तुम्हारा अनुचर नहीं हूँ।
  나는 너의 종인이 아니다.

- वह एक अनुचर की तरह गुरु के साथ बना रहता है।
  그가 하인처럼 스승 곁에서 산다.

(ii) अनुवाद [अनु + वाद 말] ⓜ 번역

- अनुवाद करना सरल काम नहीं है।
  번역하는 것은 쉬운 일이 아니다.

- मैं इस उपन्यास का हिन्दी में अनुवाद करूँगा।
  나는 이 소설을 힌디어로 번역할 것이다.

- इस दार्शनिक ग्रन्थ का अनुवाद मात्र से काम नहीं चलता।
  이 철학 서적은 번역만으로는 충분하지 않다.

(iii) अनुरोध [अनु + रोध 막음] ⓜ 간청, 의뢰

- मैं आपसे अनुरोध करता हूँ कि शांत हो जाएँ।
  제가 당신에게 진정하시라고 간청합니다.

- छात्रों ने प्रधानाचार्य से अनुरोध किया।
  학생들이 총장에게 요청했다.

- कर्मचारियों ने सरकार से वेतन बढ़ाने का अनुरोध किया।
  직원들이 정부에 봉급을 인상해줄 것을 요청했다.

2. ठीक या नियमित 올바른, 규칙적인

(i) अनुक्रम [अनु + क्रम 단계] ⓜ 순서, 차례, 연속

- छात्र अनुक्रम से प्राचार्य के पास आए।
  학생들이 차례로 총장 곁에 왔다.

- चींटियाँ अनुक्रम से चलती हैं।
  개미들이 연속하여 간다.

- इस पुस्तक में विषयों को बहुत अनुक्रम से रखा गया है।
  이 책에 주제들이 차례로 있었다.

3. हर एक, प्रत्येक 매(每)

(i) अनुक्षण [अनु + क्षण 순간, 찰나] ⓐⓓ 매 순간, 끊임없이

- वहाँ मैं अनुक्षण तुम्हारे बारे में ही सोचता रहा।
  그곳에서 나는 매 순간 너에 관해서만 계속 생각했다.

- साधक लोग अनुक्षण परमात्मा के भाव में रहते हैं।
  수행자는 매 순간 절대자에 대한 생각에 머문다.

- माँ अनुक्षण अपने बेटे की चिंता में रही।
  엄마가 끊임없이 아들을 걱정했다.

(ii) अनुदिन [अनु + दिन 하루] ⓐⓓ 매일

- मैं अनुदिन व्यायाम करता हूँ।
  나는 매일 운동한다.

- अनुदिन स्वाध्याय करो।
  매일 학습해라.

- तुम अनुदिन सड़क पर मेरा पीछा करते थे।
  너는 매일 길에서 나를 따라다녔었다.

4. अनेक बार 여러 번

(i) अनुयाचन [अनु + याचन 애원, 구걸] ⓜ 애원, 요구, 구걸

- तुम्हारा उससे इस तरह अनुयाचन करना मुझे अच्छा नहीं लगा।
  네가 그에게 이런 식으로 애원하는 것이 마음에 들지 않았다.

- मैं कोई भिखारी नहीं हूँ, मैं अनुयाचन नहीं करूँगा।
  나는 걸인이 아니다, 나는 구걸하지 않을 것이다.

- कृपया मेरे सामने ऐसे अनुयाचन मत करो।
  제발 나의 앞에서 이런 식으로 요구하지 마라.

(ii) अनुनय [अनु + नय 끌고 감] ⓜ 요청, 간청, 하소연

- मैं अनुनय करता रहा पर उसने सुना नहीं।
  내가 계속해서 간청했지만 그는 듣지 않았다.

- उसने बहुत अनुनय किया तो माँ ने मान लिया।
  그가 매우 간청했고 엄마가 받아들이셨다.

- किसी से ज़्यादा अनुनय करना अच्छा नहीं होता।
  누군가에게 매우 간청하는 것은 좋지 않다.

5. सदृश, समान 유사한, 대등한

(i) अनुरूप [अनु + रूप 모양] ⓐ 유사한, 적합한, 부합하는, 어울리는

- उस कन्या को अनुरूप वर मिला।
  그 처녀는 적합한 신랑을 만났다.

- वह सोचता है कि उसे अपनी योग्यता के अनुरूप नौकरी नहीं मिली।
  그는 자신의 능력에 맞는 직업을 얻지 못했다고 생각한다.

(ii) अनुकृति [अनु + कृति 작품] ⓕ 모방, 모조품, 복제품, 모형

- यह ताजमहल की अनुकृति है।
  이것은 따즈마할의 모형이다.

- मैं किसी की अनुकृति नहीं करना चाहती।
  나는 누군가를 모방하는 것을 원하지 않는다.

- अरे, तुम्हारा बेटा तो पूरी तरह से तुम्हारी अनुकृति है?
  와우, 네 아들이 완전히 너와 닮았네?

4과

अप

अप는 산스끄리뜨어의 어근 पा '보호하다'에서 파생한 접두사로서 ①분리된, 먼, ②갑작스러운 ③적합하지 않은, 마땅치 않은, 비난받을, ④뒤처지거나 아래쪽의, 열등한 등의 의미를 나타낸다.

1. के बिना होना **없는, 분리된, 별개의, 관련 없는**

(i) अपकरुण [अप + करुण 측은한] ⓐ 비정한, 무정한, 잔혹한

- तुम बहुत अपकरुण आदमी हो!
  너는 매우 비정한 사람이구나!

- आदमी को कभी इतना अपकरुण नहीं होना चाहिए।
  사람은 절대 이처럼 비정하면 안 된다.

- तुम क्या मुझे बिल्कुल अपकरुण समझते रहे?
  너는 나를 완전히 비정한 사람이라고 생각했니?

2. आकस्मिक **돌연(突然)한, 갑작스러운**

(i) अपमृत्यु [अप + मृत्यु 죽음] ⓕ 돌연사, 요절

- बाढ़ के कारण हज़ारों लोग अपमृत्यु का शिकार हो गए।
  홍수 때문에 수천만 명의 사람들이 돌연사의 희생양이 되었다.

- पिताजी की 35 साल की उम्र में ही अपमृत्यु हो गई थी।
  아버지가 35의 나이에 돌연사하셨다.

- सड़क दुर्घटनाएँ बहुत से युवकों की अपमृत्यु का कारण बन जाती हैं।
  도로 사고는 많은 젊은이들의 돌연사의 원인이 된다.

3. अनुचित, निन्दनीय 부적절한, 부적당한, 비난받을 만한

(i) अपजात [अप + जात 태어난] ⓐ 못된, 불효한, 타락한

- उच्च कुल में पैदा होने पर भी वह अपजात निकला।
  그는 높은 가문에 태어났음에도 못된 자로 밝혀졌다.

- मेरे कुल में कोई अपजात नहीं हुआ।
  나의 가문에서 아무도 못된 자는 없다.

- ऐसे लोगों के यहाँ अपजात संतान उत्पन्न होती है।
  이러한 사람들의 집안에 못된 자손이 태어난다.

(ii) अपकर्म [अप + कर्म 행위] ⓜ 악행, 죄악

- अरे सत्कर्म नहीं कर सकते तो कम से कम अपकर्म तो न करो।
  이봐, 선행을 할 수 없으면 적어도 악행은 하지 마라.

- चोरी से बढ़कर अपकर्म क्या होगा?
  도둑질보다 더한 죄악은 무엇일까?

- अपकर्म करोगे तो उसका फल बुरा ही मिलेगा।
  죄악을 저지르면 나쁜 결과를 얻을 것이다.

(iii) अपकार [अप + कार 행위] ⓜ 가해, 악행

- तुमने मेरा बहुत अपकार किया है।
  너는 나를 가해했다.

- शत्रु हमेशा आपके अपकार की योजना बनाएगा।
  적은 항상 당신을 해하는 계획을 세울 것이다.

- धन ने शायद उसका अपकार ही किया।
  부가 아마도 그를 해롭게 했다.

4. नीचे या पीछे 열등한, 아래

(i) अपकर्ष [अप + कर्ष 끌기, 당기기] ⓜ 감퇴, 저하, 하강

- उन लोगों की संगत में तुम्हारे चरित्र का अपकर्ष होगा।
  그 사람들과 어울리면 너의 인품이 떨어질 것이다.

- अधिक ख़र्च करोगे तो धन का अपकर्ष होगा ही।
  많이 소비하면 재산이 줄어들 것이다.

- बुढ़ापे में बल का अपकर्ष होता है।
  노년기에 힘이 감퇴된다.

(ii) अपकीर्ति [अप + कीर्ति 명성] ⓕ 오명, 불명예

- उस घटना के कारण मंत्री की अपकीर्ति हुई।
  그 사건 때문에 장관의 명예가 실추되었다.

- माता–पिता की सेवा नहीं करोगे तो तुम्हारी अपकीर्ति होगी।
  어머니 아버지를 보살피지 않으면 너는 오명을 입을 것이다.

• पुत्र के कारण गुरु जी की अपकीर्ति हो रही है।
  아들 때문에 스승님이 오명을 입고 있다.

5과

अभि

अभि는 산스끄리뜨어의 어근 भा '빛나다'에서 파생한 접두사로서 ①특별하거나 우수한, ②가까이, ③앞에, 앞쪽으로, ④제대로, 그대로, ⑤양이나 무게가 많은 등의 의미를 나타낸다.

1. विशेष, श्रेष्ठ 특별한, 우수한

(i) अभिनव [अभि + नव 새로운] ⓐ 최신의, 매우 새로운

- वे हमेशा कोई न कोई अभिनव प्रयोग करते हैं।
  그들은 항상 무언가 최신의 실험을 한다.

- आचार्य के अभिनव विचारों को सबने सराहा।
  학자의 매우 새로운 생각들을 모두가 성원했다.

- देश में एक अभिनव क्रांति आने वाली है।
  나라에 매우 새로운 혁명이 일어나려 한다.

(ii) अभिभाषण [अभि + भाषण 연설] ⓜ (공식적, 의례적) 연설, 강연

- आज शाम संसद में राष्ट्रपति का अभिभाषण है।
  오늘 저녁에 의회에서 대통령의 연설이 있다.

• सभा में अध्यक्ष का अभिभाषण हो रहा है।
의회에서 의장의 연설이 되고 있다.

• राज्यपाल महोदय ने अपने अभिभाषण में क्या कहा?
주지사는 자신의 연설에서 무엇을 말했습니까?

(iii) अभियान [अभि + यान 감] ⓜ 원정, 탐험, 운동, 추진 운동

• गौतम बुद्ध सत्य की खोज के अभियान में लग गए।
고따마 붓다는 진리를 찾는 원정에 나섰다.

• प्रेस की आज़ादी के लिए हमारा अभियान चलता रहेगा।
언론의 자유를 위해 우리의 캠페인이 진행될 것이다.

• आज स्त्री मुक्ति का अभियान पूरी दुनिया में चल रहा है।
오늘날 여성 독립의 캠페인이 전 세계에서 진행되고 있다.

(iv) अभिराम [अभि + राम (<रम् 놀다)] ⓐ 즐거운, 아름다운, 사랑스러운

• यह बहुत अभिराम दृश्य था।
이것은 매우 아름다운 광경이었다.

• उनके आने से सारा वातावरण अभिराम हो गया।
그분이 옴으로써 분위기가 즐거워졌다.

• तुम आज बहुत अभिराम लग रहे हो!
너는 오늘 매우 즐거워 보이는구나!

2. निकट 가까이

(i) अभिनय [अभि + नय 끌고 감] ⓜ 연기(演技)

- अभिनेता अभिनय करते हैं।
  배우들이 연기를 한다.

- मैं राजा हरिश्चंद्र का अभिनय करूँगा।
  나는 왕 하리슈짠드라를 연기할 것이다.

- तुम न समझने का अभिनय कर रहे हो।
  너는 이해하지 못한 것처럼 연기하고 있다.

3. आगे की ओर, सामने की ओर 앞쪽으로, 전면에

(i) अभिमुख [अभि + मुख 얼굴] ⓐ 향한, 직면한, 향하여, 직면하여, 정면에

- वह छात्रों के अभिमुख होकर बोला।
  그는 학생들 쪽으로 향하여 말했다.

- बेटा, गुरु जी के अभिमुख होकर बोलो!
  얘야, 스승님 쪽으로 향하고 말하렴!

- मैं उसे तुम्हारे अभिमुख करूँगा।
  내가 그에게 너를 대면시켜 줄게.

(ii) अभीष्ट [अभि + इष्ट 바라는] ⓐ 바라는, 원하는, 열망하는, 염원하는

- पढ़ना सबके लिए अभीष्ट है।
  공부는 모두가 열망하는 바다.

• तुम्हें क्या अभीष्ट है?
너는 뭐를 원하니?

• सुख किसे अभीष्ट न होगा?
누가 행복을 열망하지 않을까?

(iii) अभिप्राय [अभि + प्राय (<प्र+इ 앞으로 감)] ⓜ 의도, 목적, 의미

• तुम्हारा अभिप्राय क्या है?
너의 의도는 무엇이니?

• पिताजी मेरा अभिप्राय समझ गए।
아버지는 나의 의도를 이해하셨다.

• कर्म और कर्मफल का अभिप्राय कम लोग ही समझते हैं।
행위와 업의 의미를 이해하는 자는 거의 없다.

4. ठीक तरह से, यथावत् 제대로, 그대로

(i) अभ्युदय [अभि + उदय 오름] ⓜ 상승, 향상, 진보, 진전, 발전

• ईश्वर करे तुम्हारा बहुत अभ्युदय हो!
신이 너를 매우 향상되게 하시길!

• दक्षिण कोरिया ने बहुत अभ्युदय देखा।
대한민국은 많은 발전을 보았다.

• छात्रों के अभ्युदय को देखकर अध्यापक ख़ुश होते हैं।
학생들의 진전을 보면 선생님은 흐뭇하다.

(ii) अभिव्यक्ति [अभि + व्यक्ति 표현] ⓜ 표현, 표명

- प्रधानमंत्री ने इस बात के लिए प्रसन्नता की अभिव्यक्ति की।
  총리는 이 일에 대해서 기쁨을 표명했다.

- तुम्हारी अभिव्यक्ति शानदार है।
  너의 표현이 훌륭하다.

- वह अपने प्रेम की अभिव्यक्ति नहीं करता।
  그는 자신의 사랑을 표현하지 않는다.

5. मात्रा, गुणवत्ता का अधिक होना (양이나 질이) 많은

(i) अभिमान [अभि + मान 존경] ⓜ 자존심, 자랑, 자만, 거만, 교만

- उसे अपनी शिक्षा का बहुत अभिमान है।
  그는 자신의 교육을 매우 자랑스러워한다.

- तुम्हें किस बात का इतना अभिमान है?
  너는 무엇을 이렇게나 자만하니?

- मुझे आप सब पर बहुत अभिमान है।
  나는 여러분 모두에 대해 자랑스럽게 생각합니다.

6과

अव

अव는 산스끄리뜨어의 어근 अव् '보호하다'에서 파생한 접두사로서 ①부적절하거나 나쁜, ②아래쪽의, 낮은, ③부족하거나 결핍되거나 없는 등의 의미를 나타낸다.

1. बुरा, त्रुटिपूर्ण 나쁜, 결점 있는

(i) अवगुण [अव + गुण 속성] ⓜ 결점, 결함, 단점, 악, 악덕

- मेरे अंदर बहुत अवगुण हैं, मैं जानता हूँ।
  내 안에 결점이 많다, 내가 안다.

- हे प्रभु! हमारे अवगुणों को दूर कीजिए।
  오, 신이여! 우리의 결점들을 몰아내 주세요.

- परनिंदा बहुत बड़ा अवगुण है।
  남을 흉보는 것은 매우 큰 악행이다.

2. निम्न 낮은, 아래의

(i) अवरोहण [अव + रोहण 오름] ⓜ 하향, 하강, 떨어짐

- उसके चरित्र का बहुत अवरोहण हुआ।
  그의 품행이 많이 떨어졌다.

- पिताजी की मृत्यु के बाद हमारे भाग्य का अवरोहण शुरू हुआ।
  아버지께서 돌아가신 후 우리의 운세가 내려가기 시작했다.

- तुम्हारे उत्साह में ऐसा अवरोहण क्यों हुआ?
  너의 열정이 이처럼 왜 식었는가?

(ii) अवक्रमण [अव + क्रमण 이동] ⓜ 내려감, 하락, 하강

- दुष्ट व्यक्ति जीवनभर अवक्रमण करता रहता है।
  악한 사람은 평생 계속하여 하락한다.

- तुम्हारे अध्ययन में मैं अवक्रमण देख रहा हूँ।
  네가 공부에서 하락하는 것을 나는 보고 있다.

- हम पर्वत से अवक्रमण कर रहे हैं।
  우리는 산에서 내려가고 있다.

(iii) अवनति [अव + नति 숙임] ⓕ 떨어짐, 하락, 쇠퇴

- गाँव में रहने से आपकी अवनति होगी।
  시골에 살면서 당신은 쇠퇴할 것이다.

- उसकी चारित्रिक अवनति को देखकर गुरु दुःखी हो गए।
  그의 품행이 떨어짐을 보고서 스승은 안타까워했다.

- उसकी प्रतिष्ठा में अवनति हुई।
  그의 명성이 추락하였다.

(iv) अवसाद [अव + साद 가라앉음] ⓜ 권태, 낙담, 우울, 무기력

- अकेले रहने से अवसाद होने लगता है।
  홀로 살면 우울해지기 시작한다.

• आजकल छोटे छोटे बच्चों का भी अवसाद होने लगा है।
요즈음 어린아이들도 우울증을 겪기 시작한다.

• वह मानसिक अवसाद से गुज़र रहा है।
그는 심리적인 우울감을 겪고 있다.

(v) अवतरण [अव + तरण 건넘] ⓜ 하강, 화신(化身), 강림

• कृष्ण का धरती पर अवतरण हुआ।
끄리슈나가 땅에 강림했다.

• राम विष्णु का अवतरण थे।
람은 비슈누 신의 화신이었다.

• वह पानी में अवतरण कर रहा था।
그는 물에 떠내려가고 있었다.

3. न्यून 적은, 부족한

(i) अवमूल्यन [अव + मूल्यन 평가] ⓜ 평가 절하, 절하, 떨어짐

• तुम हमेशा मेरा अवमूल्यन करते हो।
너는 나를 항상 낮게 평가한다.

• ज़्यादा बोलने से व्यक्ति का अवमूल्यन होता है।
사람이 지나치게 말하면 가치가 떨어진다.

• धान का अवमूल्यन हो गया है।
쌀의 가치가 떨어졌다.

7과

आ

आ는 산스끄리뜨어의 어근 आप् '얻다'에서 파생한 접두사로서 ①안에까지 또는 경계까지, ②처음부터 끝까지 또는 안의 모든 지역에 걸쳐, ③어떤 기간이나 경계선의 전후 또는 밖에도, ④자신 쪽으로, ⑤반대 방향으로 등의 의미를 나타낸다.

1. अंदर तक 안에까지

(i) आक्रमण [आ + क्रमण 감] ⓜ 공격

- अमेरिका ने इरान पर आक्रमण किया।
  미국이 이란을 공격했다.

- विपक्षी नेता ने सरकारी नीतियों पर आक्रमण किए।
  야당 대표가 정부 정책을 공격했다.

- तुम हमेशा मुझपर आक्रमण क्यों करते हो?
  너는 항상 나를 왜 공격하니?

2. अच्छी तरह, चारों ओर से, हर तरह से 잘, 사방으로, 여러모로

(i) आकलन [आ + कलन 셈] ⓜ 평가, 판단, 예측, 예상, 추정

- मौसम वैज्ञानिक मौसम का आकलन करते हैं।
  기상학자가 날씨를 예측한다.

- मेरा आकलन है कि तुम परीक्षा में अच्छे नंबर लाओगे।
  네가 시험에서 좋은 점수를 받을 거라고 판단한다.

- क्या तुम भविष्य का आकलन कर सकते हो?
  너는 미래를 예측할 수 있니?

3. पर्यंत 경계까지

(i) आसमुद्र [आ + समुद्र 바다] ⓐⓓ 바다까지

- हमारी सेना आसमुद्र जाकर लौटी।
  우리의 군대가 바다까지 갔다가 돌아왔다.

- उसका शासन आसमुद्र था।
  그의 통치가 바다까지 도달했다.

- हम आसमुद्र चलकर गए।
  우리가 바다까지 걸어갔다.

(ii) आजीवन [आ + जीवन 인생] ⓐⓓ 평생, 한평생

- मैं आजीवन अविवाहित रहूँगा।
  나는 평생 결혼하지 않을 것이다.

- उसने आजीवन अन्न नहीं खाया।
  그는 평생 곡식을 먹지 않았다.

- वह आजीवन ऐसे ही दुःखी रहेगा।
  그가 평생 이렇게 애달플 것이다.

4. अपनी ओर **자신 쪽으로**

(i) आकर्षण [आ + कर्षण 끌어당김] ⓜ **매력**

- गोपियों का कृष्ण की ओर आकर्षण था।
  고삐(소치는 여인)들이 끄리슈나에게 매료되었다.

- हमें बाज़ार के आकर्षण में नहीं पड़ना चाहिए।
  우리들은 시장의 매력에 빠지지 말아야 한다.

- मुझे दर्शनशास्त्र का बहुत आकर्षण है।
  나는 철학에 많은 매력을 느낀다.

5. उलटा **반대 방향의**

(i) आदान [आ + दान 줌] ⓜ **받음, 수령**

- हम धान का आदान करते हैं।
  우리가 쌀을 수령한다.

- हमने गुरुओं से विद्या का आदान किया।
  우리가 스승님들로부터 지식을 얻었다.

- हमने आपसे आदान में बहुत पाया।
  우리가 당신과의 주고받음에서 많이 돌려받았다.

8과

उत्

उत्는 산스끄리뜨어의 어근 उ '소리를 내다'에서 파생한 접두사로서 ①위쪽으로 가는, ②다르거나 상위한, ③많거나 강한 등의 의미를 나타낸다.

1. ऊपर की ओर 위쪽으로

(i) उत्कर्ष [उत् + कर्ष 끌어당김] ⓜ 상승, 고양, 승격, 승진, 번영

- अमेरिका में हम आर्थिक उत्कर्ष को देख सकते हैं।
  미국에서 우리는 경제적인 번영을 볼 수 있다.

- सैनिकों में राष्ट्रभक्ति का उत्कर्ष होता है।
  군인들은 애국심이 고양되어 있다.

- ईश्वर आपको बहुत उत्कर्ष दे!
  신이 당신에게 큰 번영을 주시길!

(ii) उद्गमन [उत् + गमन 감] ⓜ 출현, 상승, 떠오름

- पक्षिगण आकाश में उद्गमन कर रहे हैं।
  새 떼가 하늘에 출현하고 있다.

- हम विमान में उद्गमन करेंगे।
  우리는 비행기로 떠오를 것이다.

• आप जीवन में बहुत उद्गमन करें!
당신은 인생에 매우 떠오를 것이다!

2. विपरीत 상위(相違)한

(i) उत्पथ [उत् + पथ 길] ⓜ 나쁜 길, 타락한 길

• ग़लत संगति के कारण मनुष्य उत्पथ में जाता है।
좋지 않은 사귐으로 사람이 나쁜 길로 간다.

• आप उत्पथ पर हैं, आपको सुपथ में चलना चाहिए।
당신은 나쁜 길에 서 있다, 당신은 옳은 길로 가야 한다.

• उसका एक भाई उत्पथ पर चला गया।
그의 한 형제가 탈선했다.

(ii) उत्क्रम [उत् + क्रम 진행] ⓜ 역행

• वह उत्क्रम से चलता है।
그는 역행한다.

• उत्क्रम से चलोगे तो मंज़िल कभी न मिलेगी।
반대의 길로 가면 도착지에 절대 이르지 못할 것이다.

• पानी उत्क्रम से बहता है।
물이 역류한다.

3. अधिक, प्रबल 많은, 강한, 격한

(i) उत्कट [उत् + कट 많음] ⓐ 강한, 격한, 치열한

• मुझे नृत्य सीखने की उत्कट इच्छा है।
내가 무용을 배우려는 강한 바람이 있다.

• उसके उत्कट क्रोध को देखकर सब डर गए।
그의 격한 분노를 보고 모두 두려워졌다.

• उसने जीवन में उत्कट परिश्रम किया।
그는 인생에서 치열한 노력을 했다.

(ii) उत्तप्त [उत् + तप्त 가열된] ⓐ 매우 과열된, 매우 뜨거운, 격앙된

• यहाँ का वातावरण बहुत उत्तप्त है।
이곳의 분위기가 매우 과열되어 있다.

• उसने उत्तप्त लोहे को हाथ में पकड़ा।
그는 매우 뜨거운 철을 손에 쥐었다.

• हम धूप में उत्तप्त हो गए हैं।
우리는 햇볕에 벌겋게 익었다.

9과

उप

उप는 산스끄리뜨어의 어근 पद् '가다'에서 파생한 접두사로서 ①무엇인가에 가까이 가거나 가까이 있는, ②시간 형태 무게 수 등에서 거의 비슷하지만 다소 못 미치거나 준하는, ③어떤 일을 하는 노력이나 능력이 특별한 등의 의미를 나타낸다.

1. की ओर, की दिशा में, के निकट, के समीप **쪽으로, 가까이**

(i) उपगमन [उप + गमन 감] ⓜ **접근, 수용, 획득**

- हमारी सेना शत्रुदेश की सीमा की ओर उपगमन कर रही थी।
  우리의 군대가 적국의 국경선 쪽으로 접근하고 있었다.

- शिष्य गुरु का उपगमन करता है।
  제자는 스승을 지향한다.

- मैं विश्वविद्यालय की ओर उपगमन करूँगा।
  나는 대학 쪽으로 다가갈 것이다.

(ii) उपक्रमण [उप + क्रमण 나아감] ⓜ **접근, 시작, 준비, 착수**

- वे हमारे घर की ओर उपक्रमण करेंगे।
  그들은 우리 집 쪽으로 접근할 것이다.

- हाथियों का झुंड गाँव की ओर उपक्रमण कर रहा है।
  코끼리 무리가 마을 쪽으로 접근하고 있다.

- अंधकार से प्रकाश की ओर उपक्रमण करो!
  어둠에서 빛 쪽으로 나아와라!

2. से कुछ छोटा, से कुछ घटकर 보다 작은, 보다 적은, 준하는, 하위의

(i) उपप्रधानाचार्य [उप + प्रधानाचार्य 총장] ⓜ 부총장

- मैं विद्यालय का उपप्रधानाचार्य बनूँगा।
  나는 대학의 부총장이 될 것이다.

- स्कूल के उपप्रधानाचार्य के पास बहुत अधिकार नहीं होते!
  학교의 부총장에게 많은 권한이 없다!

- तुम्हारे उपप्रधानाचार्य का नाम क्या है?
  너의 부총장의 이름이 무엇이니?

(ii) उपकुलपति [उप + कुलपति 교장] ⓜ 교감(校監), 부총장

- विश्वविद्यालय के उपकुलपति ने छात्रों से मुलाक़ात की।
  대학의 부총장이 학생들과 만났다.

- हमारे उपकुलपति महोदय विज्ञान के प्रसिद्ध प्रोफ़ेसर हैं।
  우리의 부총장님은 과학의 저명한 교수이다.

- वे एक दिन इस विश्वविद्यालय का उपकुलपति बनेंगे।
  그분은 어느 날 이 대학의 부총장이 될 것이다.

3. आयास, प्रकार या सामर्थ्य का विशिष्ट होना (노력, 양식, 능력 등이) 특별한

(i) उपकार [उप + कार 행위] ⓜ 선행, 은혜, 자선, 혜택

- धनी लोगों को चाहिए कि वे धन से ग़रीबों का उपकार करें।
  부유한 사람들은 재산으로 가난한 이들에게 선행해야 한다.

- आपने जीवन में मेरा बहुत उपकार किया है।
  당신은 인생에서 나에게 은혜를 베풀었다.

- विज्ञान से मानव का बड़ा उपकार हुआ है।
  과학으로 인간이 많은 혜택을 받았다.

(ii) उपलब्ध [उप + लब्ध 얻은] ⓐ 획득한, 얻은, 가용한

- मुझे यहाँ बहुत सहायता उपलब्ध हुई।
  나는 여기에서 많은 도움을 받았다.

- इस होटल में क्या क्या सुविधाएँ उपलब्ध है?
  이 호텔에서는 무슨 서비스들이 제공됩니까?

- इस बेचारे बच्चे को माता–पिता का भी प्यार उपलब्ध नहीं हुआ।
  이 가여운 아이가 엄마와 아빠의 사랑도 받지 못했다.

(iii) उपयोग [उप + योग 결합] ⓜ 사용, 이용

- आज के युग में मोबाइल का उपयोग कौन नहीं करता?
  오늘날 누가 핸드폰을 사용하지 않는가?

- शायद मेरा यहाँ कोई उपयोग नहीं है!
  아마도 여기에서 나는 아무 쓸모가 없다!

• क्या आप इस क़लम का उपयोग करेंगे?
당신이 이 펜을 사용하실래요?

10과

दुर्

दुर्는 산스끄리뜨어의 어근 दु '괴롭히다'에서 파생한 접두사로서 ①부당한, 나쁜, ②쉽게 되지 않는, 어려운, ③부족하거나 없는 등의 의미를 나타낸다.

1. ख़राब, बुरा, अनुचित 나쁜, 악한, 부적절한

(i) दुरात्मा [दुर् + आत्मा 정신] ⓐ사악한, 악한, 패악한

• रावण एक दुरात्मा राजा था।
라반은 패악한 왕이었다.

• शास्त्रों के अनुसार दुरात्मा व्यक्ति को नरक मिलता है।
경전들에 따르면 악한 사람은 지옥에 간다.

• आप मुझे दुरात्मा क्यों समझते हैं?
당신은 나를 왜 악하다고 여깁니까?

(ii) दुर्भाव [दुर् + भाव 감정, 생각] ⓜ 악의, 적의, 악감정

• मेरे अंदर आपके लिए कोई दुर्भाव नहीं है।
내 안에 당신에 대한 어떤 악의가 없다.

• हे ईश्वर! मेरे अंदर के सभी दुर्भावों को नष्ट कर दे।
오 신이여! 내 안의 모든 악의를 없애 주소서.

- अपराधी के मन में स्त्रियों को लेकर दुर्भाव रहता था।
  죄인의 마음에 여성들에 대해 악의가 있었다.

(iii) दुर्जन [दुर् + जन 사람] ⓜ 악한, 악당, 무뢰배

- दुर्जन दूसरों की हानि चाहते हैं।
  악당들은 다른 사람들의 손실을 원한다.

- दुर्जनों को सज्जन लोग अच्छे नहीं लगते!
  악인들은 선량한 사람들을 좋게 여기지 않는다!

- तुम मुझे दुर्जन क्यों समझते हो?
  너는 왜 나를 악한으로 여기니?

(iv) दुर्वचन [दुर् + वचन 말] ⓜ 상스러운 말, 천한 말, 악담, 욕, 욕설

- हमें किसी के भी प्रति दुर्वचन नहीं बोलना चाहिए।
  우리는 누구에 대해서도 악담을 안 해야 한다.

- वह अपने गुरु तक के लिए दुर्वचन बोलता है।
  그는 자기 스승에 대해서조차 악담을 한다.

- साधु उसके दुर्वचनों को सुनकर भी चुप रहा।
  현인은 그의 욕설을 듣고도 침묵했다.

2. कठिन 어려운

(i) दुर्बोध [दुर् + बोध 앎] ⓐ 난해한, 이해가 안 되는

- यह विषय मेरे लिए बहुत दुर्बोध है।
  이 주제는 나에게 매우 난해하다.

- अच्छे गुरु से मिलो तभी तुम्हारा दुर्बोध ख़त्म होगा।
  좋은 스승과 만나면 네가 이해하게 될 것이다.

- आपने मेरा दुर्बोध दूर किया, बहुत धन्यवाद।
  당신이 나를 이해시켜 주셨어요, 감사합니다.

(ii) दुर्गम [दुर् + गम 감] ⓐ 접근하기 힘든, 만만치 않은

- पता नहीं लोग इतने दुर्गम पर्वतों पर कैसे चढ़ जाते हैं।
  사람들이 이렇게 오르기 어려운 산들에 어떻게 등반하는지 모르겠다.

- यह रास्ता बहुत दुर्गम है।
  이 길은 매우 가기 어렵다.

- इस परीक्षा को पास करना प्रतिभाशालियों के लिए भी दुर्गम है।
  이 시험을 통과하는 것이 능력 있는 사람들에게도 만만치 않다.

3. न्यून, अभावपूर्ण 적은, 부족한, 없는

(i) दुर्बल [दुर् + बल 힘] ⓐ 약한, 힘없는, 쇠약한, 심약한

- तुम बहुत दुर्बल लग रहे हो।
  너는 매우 힘없어 보인다.

- बुढ़ापे के कारण दादाजी बहुत दुर्बल हो गए हैं।
  노령 때문에 할아버지께서 매우 쇠약해지셨다.

- मेरा मन दुर्बल है।
  나는 심약하다.

(ii) दुर्गति [दुर् + गति 상태] ⓕ 비참, 궁상, 궁지, 곤궁

- धन न होने के कारण आदमी की दुर्गति होती है।
  돈이 없으면 사람이 궁상맞게 된다.

- बुरी संगति में पड़कर उस लड़के की दुर्गति हुई।
  나쁜 사귐에 빠져서 그 소년이 곤란한 처지에 빠졌다.

- अधिक बारिश की वज़ह से फ़सल की दुर्गति हो रही है।
  많은 비 때문에 농작물이 황폐해진다.

연습문제 ①

[1–10] निम्नलिखित उपसर्गों का अर्थों से उचित मिलान कीजिए।

1. अति	① 안에까지, 여러모로, 자신 쪽으로, 반대의
2. अधि	② 다음, 적합한, 매(每), 여러 번, 유사한
3. अनु	③ 위쪽으로, 상위(相違)한, 강한
4. अप	④ 과도한, 초과한
5. अभि	⑤ 가까이, 보다 작은, 특별한
6. अव	⑥ 나쁜, 낮은, 적은
7. आ	⑦ 주요한, 많은, 관련된, 보통 이상의
8. उत्	⑧ 특별한, 가까이, 쪽으로, 제대로, 많은
9. उप	⑨ 없는, 갑작스러운, 부적절한, 열등한
10. दुर्	⑩ 나쁜, 어려운, 적은

[11–20] शब्दों के नीचे दिए गए मूल शब्द में जुड़े प्रत्यय के विकल्पों में से सही विकल्प चुनिए।

11. अतिशीतल

① अति + शीतल ② अतिशी + तल

12. अधिनायक

① अ + धिनायक ② अधि + नायक

13. अनुवाद

① अनु + वाद ② अन् + उवाद

14. अपकरुण

① अपक + रुण ② अप + करुण

15. अभिनव

① अ + भिनव ② अभि + नव

16. अवनति

① अव + नति ② अव् + अनति

17. आक्रमण

① आ + क्रमण ② आक्र + मण

18. उत्कर्ष

① उ + त्कर्ष ② उत् + कर्ष

19. उपगमन

① उप + गमन ② उपग + मन

20. दुरात्मा

① दु + रात्मा ② दुर् + आत्मा

[21–40] उन उपसर्गयुक्त शब्दों को चुनिए जो रेखांकित पदों के स्थान पर प्रयुक्त किए जा सकते हैं।

21. अधिक मात्रा में उपजाने के कारण धान का भाव गिरेगा।

① अतिउत्पादन ② अतिकाय ③ अतिप्रसन्न ④ अतीत

22. इन्द्र स्वर्ग का मुखिया देवता है।

① अधिमास ② अधिकर ③ अधिप्रचार ④ अधिष्ठाता

23. तुम रोज़ सड़क पर मेरा पीछा करते थे।

① अनुक्षण ② अनुनय ③ अनुदिन ④ अनुकृति

24. बाढ़ के कारण हज़ारों लोग आकस्मिक देहांत का शिकार हो गए।

① अपमृत्यु ② अपकर्म ③ अपकार ④ अपकर्ष

25. उनके आने से सारा वातावरण सुखद हो गया।

① अभीष्ट ② अभिराम ③ अभिप्राय ④ अभिव्यक्ति

26. मेरे अंदर बहुत बुराइयाँ हैं, मैं जानता हूँ।

① अवक्रमण ② अवगुण ③ अवसाद ④ अवतरण

27. मैं जीवन–भर अविवाहित रहूँगा।

① आकलन ② आकर्षण ③ आदान ④ आजीवन

28. ग़लत संगति के कारण मनुष्य कुमार्ग में जाता है।

① उद्गमन ② उत्क्रम ③ उत्पथ ④ उत्कट

29. विज्ञान से मानव की बड़ी भलाई हुई है।

① उपप्रधानाचार्य ② उपकुलपति ③ उपलब्ध ④ उपकार

30. यह विषय मेरे लिए बहुत शीघ्र समझ में न आया है।

① दुर्जन ② दुर्गम ③ दुरापद ④ दुर्बोध

31. हमारे सैनिकों ने कभी सीमा का उल्लंघन नहीं किया।

① अतीत ② अतिक्रमण ③ अतिप्रसन्न ④ अतिशीतल

32. योगी लोग निरंतर परमात्मा या आत्मा से संबंध रखने वाले चिंतन में रहते हैं।

① आध्यात्मिक ② अधिप्रचार ③ अधिकर ④ आधिभौतिक

33. मैं किसी की नक़ल करना नहीं चाहती।

① अनुरूप ② अनुनय ③ अनुयाचन ④ अनुकृति

34. चोरी से बढ़कर निंदनीय काम क्या होगा?

① अपकीर्ति ② अपकरुण ③ अपकर्म ④ अपमृत्यु

35. बेटा, गुरु जी के सामने होकर बोलो।

① अभिमान ② अभ्युदय ③ अभिमुख ④ अभियान

36. अकेले रहने से उदास होने लगता है।

① अवसाद ② अवमूल्यन ③ अवतरण ④ अवनति

37. मौसम वैज्ञानिक मौसम का पहले से अनुमान करते हैं।

① आजीवन ② आक्रमण ③ आदान ④ आकलन

38. मुझे नृत्य सीखने की तीव्र इच्छा है।

① उत्तप्त ② उत्कट ③ उद्गमन ④ उत्पथ

39. इस होटल में क्या–क्या सुविधाएँ प्राप्त हैं?

① उपलब्ध ② उपयोग ③ उपगमन ④ उपकार

40. बुढ़ापे के कारण दादाजी बहुत कमज़ोर हो गए हैं।

① दुर्बल ② दुर्गति ③ दुर्बोध ④ दुर्भाव

[41–50] निम्नलिखित शब्दों से मूलशब्द और उपसर्ग अलग कीजिए।

41. अतींद्रिय __________ __________

42. आधिदैविक __________ __________

43. अनुचर __________ __________

44. उपजात ______ ______

45. अभीष्ट ______ ______

46. अवरोहण ______ ______

47. आसमुद्र ______ ______

48. उत्तप्त ______ ______

49. उपक्रमण ______ ______

50. दुर्भाव ______ ______

정답

[1–10]

1 ④
2 ⑦
3 ②
4 ⑨
5 ⑧
6 ⑥
7 ①
8 ③
9 ⑤
10 ⑩

[11–20]

11 ①
12 ②
13 ①
14 ②
15 ②
16 ①
17 ①
18 ②
19 ①
20 ②

[21–40]

21 ①
22 ④
23 ③
24 ①
25 ②
26 ②
27 ④
28 ③
29 ④
30 ④
31 ②
32 ①
33 ④
34 ③
35 ③
36 ①
37 ④
38 ②
39 ①
40 ①

[41–50]

41 अति / इंद्रिय
42 अधि / दैविक
43 अनु / चर
44 उप / जात
45 उभि / इष्ट
46 अव / रोहण
47 आ / समुद्र
48 उत् / तप्त
49 उप / क्रमण
50 दुर् / भाव

11과
नि

निं는 산스끄리뜨어의 어근 नी '데려가다'에서 파생한 접두사로서 ①수집되거나 집합된, ②상당히 많은, ③전체의 또는 모든 등의 의미를 나타낸다. 이 외에 नि는 निर्와 같은 의미로 쓰이기도 한다.

1. संग्रह या समवाय का 수집의, 집합의

(i) निकाय [नि + काय 몸, 무리] ⓜ 집단, 단체

- विश्वविद्यालय एक निकाय है।
  대학은 하나의 단체이다.

- राष्ट्रमंडल अनेक राष्ट्रों का निकाय है।
  영연방은 많은 국가들의 단체이다.

- कुलपति ने छात्र निकाय को संबोधित किया।
  총장이 학생 단체를 소집했다.

(ii) निकर [नि + कर (<कृ 확산되다)] ⓜ 무리, 집단

- वानर निकर को देखकर राम प्रसन्न हुए।
  원숭이 무리를 보고 람이 기뻤다.

• वहाँ छात्रों का निकर जमा हो गया।
거기에 학생들의 무리가 모였다.

• विश्वविद्यालय के पास भवनों का निकर है।
대학 근처에 건물들이 모여 있다.

(iii) निबंध [नि + बंध 묶음] ⓜ 수필, 논문, 에세이, 논술

• अध्यापक ने हमें 'कोरिया' पर निबंध लिखने को कहा।
선생님께서 우리에게 한국에 대해서 수필을 쓰라고 말씀하셨다.

• परीक्षा में दो निबंध पूछे गए थे।
시험에서 논술 문제 두 개가 나왔다.

• 'माँ' पर निबंध लिखकर आइए।
'엄마'에 관해 수필을 써오세요.

2. अधिक 많은, 다량의, 상당한

(i) नितांत [नि + तांत (<तम् 원하다)] ⓐⓓ 완전히, 매우

• मास्क पहनना अब नितांत आवश्यक है।
마스크 착용이 이제 매우 필요하다.

• वह नितांत मूर्ख है।
그는 완전히 바보이다.

• वह एक नितांत धूर्त आदमी है, उससे दूर रहो!
그는 매우 교활한 사람이다, 그를 멀리해라!

(ii) निमग्न [नि + मग्न (물에) 잠긴] ⓐ 집중한, 몰두한

- वह अध्ययन में निमग्न रहता है।
  그는 공부에 열중한다.

- हम निमग्न होकर फ़िल्म देखते रहे।
  우리는 몰두해서 영화를 계속 보았다.

- श्रोताओं ने निमग्न होकर कविताएँ सुनीं।
  청중들이 열중해서 시를 들었다.

3. समग्र 전체의, 모든

(i) निखिल [नि + खिल 조각] ⓐ 전체의, 모든

- कोरोना निखिल संसार में फैल चुका है।
  코로나가 전 세계에 이미 퍼졌다.

- गुरु तुम्हारे निखिल अज्ञान को दूर करते हैं।
  스승은 너의 모든 무지를 없애 주신다.

- ईश्वर आपके निखिल कष्टों को दूर करे!
  신이 당신의 모든 어려움을 사라지게 하길!

12과

निर्

निर् 는 산스끄리뜨어의 어근 नृ '데려가다, 인도하다'에서 파생한 불변화사로서 접두사로 쓰여 ①없는, ②적은, 소량의, ③확실하게 또는 완전하게 등의 의미를 나타낸다.

1. रहित 없는, 결핍된

(i) निरीश्वरवादी [निर् + ईश्वारवादी 유신론의] ⓐ 무신론의 ⓜ 무신론자

- चार्वाक दर्शन निरीश्वरवादी दर्शन है।
  짜르바까 철학은 무신론 철학이다.

- नास्तिक लोग निरीश्वरवादी होते हैं।
  신을 안 믿는 사람들은 무신론자이다.

- क्या आप निरीश्वरवादी हैं?
  당신은 무신론자입니까?

(ii) निरुत्तर [निर् + उत्तर 답] ⓐ 말문이 막힌, 대답 없는, 대답할 수 없는

- उस बालक ने राजा को निरुत्तर कर दिया।
  그 아이는 왕을 말문이 막히게 했다.

- मेरे प्रश्न को सुनकर तुम निरुत्तर क्यों हो गए?
  나의 질문을 듣고 너는 대답이 없는가?

- मूर्खों के सामने निरुत्तर रहना ही ठीक है!
  어리석은 자들 앞에서 입을 다무는 것이 낫다!

(iii) निराकार [निर् + आकार 형태] ⓐ 무형의

- क्या ईश्वर निराकार है?
  신은 형체가 없습니까?

- आकाश निराकार वस्तु है।
  하늘은 무형의 사물이다.

- समय साकार है या निराकार?
  시간은 유형인가요 아니면 무형인가요?

(iv) निराश [निर् + आशा 희망] ⓐ 실망한, 절망한, 상심한, 낙심한, 상심한

- यह सुनकर रानी निराश हो गई।
  이것을 듣고서 왕비가 절망했다.

- मैं अपने भविष्य को लेकर निराश नहीं हूँ।
  나는 내 미래에 대해 낙심하지 않는다.

- हमें जीवन में कभी निराश नहीं होना चाहिए।
  우리가 삶에서 결코 실망하지 않아야 한다.

(v) निरादर [निर् + आदर 존경] ⓜ 모욕, 경멸, 천시, 멸시

- भोजन का कभी निरादर न करो।
  음식을 절대 천시하지 말아라.

• दुर्योधन ने कृष्ण का निरादर किया।
두르요다나가 끄리슈나를 모욕했다.

• ग़रीब का निरादर करना बुरी बात है।
가난한 자를 멸시하는 것은 나쁘다.

2. अल्प 적은, 소량의

(i) निर्धन [निर् + धन 재물] ⓐ 가난한, 빈곤한, 돈 없는

• हम पहले निर्धन थे।
우리는 전에 가난했다.

• कई देश अभी भी बहुत निर्धन हैं।
몇몇 나라들은 지금도 매우 빈곤하다.

• जिसके पास हाथ–पैर हैं, वह निर्धन कैसा?
손과 발이 있는 자가 어찌 가난한가?

(ii) निर्मम [निर् + मम 애정] ⓐ 잔인한, 냉정한, 잔혹한

• वह बड़ा निर्मम राजा था।
그는 매우 잔인한 왕이었다.

• तुम मेरे प्रति इतने निर्मम क्यों हो?
너는 나에게 왜 이리도 냉정하니?

• उनकी बातें बहुत निर्मम थीं।
그의 말들이 매우 잔혹했다.

(iii) निराकांक्ष [निर् + आकांक्षा 바람] ⓐ 무욕의, 욕심 없는

- वह निराकांक्ष होकर सन्यासी बन गया।
  그는 욕심을 버리고 수행자가 되었다.

- हमें निराकांक्ष होकर कर्म करते रहना चाहिए।
  우리는 욕심을 떠나 지속적으로 행동해야 한다.

- तुम इतने निराकांक्ष क्यों लग रहे हो?
  너는 왜 이렇게나 욕심이 없어 보이는가?

(iv) निरुत्साह [निर् + उत्साह 열의] ⓐ 열의가 없는, 의욕이 없는, 무기력한

- इस बात ने उसे निरुत्साह कर दिया।
  이 일이 그를 무기력하게 했다.

- तुम क्यों इतनी जल्दी निरुत्साह हो जाते हो?
  너는 왜 이렇게 빨리 의기소침해지니?

- हमें कभी निरुत्साह नहीं होना चाहिए।
  우리는 절대 무기력해지지 않아야 한다.

(v) निरायास [निर् + आयास 노력] ⓐ 애씀이 없는, 쉬운, 쉽게, 간단히, 용이하게

- वह निरायास ही सुखी रहता है।
  그는 고생 없이 행복하게 지낸다.

- ध्यान निरायास हो जाने की अवस्था है।
  명상은 애씀이 없는 상태이다.

• भाई निरायास ही सफल हो गया।
형제는 쉽게 성공했다.

3. अच्छी तरह से, पूरी तरह से 잘, 완전히

(i) निरीक्षण [निर् + ईक्षण 보기] ⓜ 시찰, 검열, 검사, 관찰

• मंत्री विद्यालय का निरीक्षण कर रहे हैं?
장관이 대학을 시찰하는가?

• तुम वहाँ क्या निरीक्षण कर रहे थे?
너는 거기에서 무슨 검사를 하고 있었니?

• डॉक्टर मरीज़ का निरीक्षण करेंगे।
의사가 환자를 검사할 것이다.

(ii) निर्णय [निर् + नय 데려감] ⓜ 결정, 판단, 결론

• तुमने इस बारे में क्या निर्णय लिया?
너는 이것에 관해서 무슨 결정을 했니?

• भारत में पाकिस्तान के साथ क्रिकेट न खेलने का निर्णय लिया।
인도에서 파키스탄과 함께 크리켓 경기를 하지 않는다는 결정을 내렸다.

• हम बेटी की शादी का निर्णय करेंगे।
우리는 딸의 결혼식을 결정할 것이다.

(iii) निर्जित [निर् + जित 승리한] ⓐ **완승한, 완패한**

- हमारी सेना ने शत्रु सेना को निर्जित कर दिया।
  우리의 군대가 적군을 완승했다.

- तुम इस तरह से निर्जित क्यों लग रहे हो?
  너는 왜 이처럼 완패한 듯이 보이는가?

- उसकी विद्वत्ता के सामने सब निर्जित हो जाते हैं।
  그의 학식 앞에서 모두 완패했다.

13과

परा

परा는 산스끄리뜨어의 어근 पृ '채우다'에서 파생한 접두사로서 ①반대의, ②거리가 먼, ③앞쪽으로 등의 의미를 나타낸다.

1. विपरीत 반대의

(i) पराभव [परा + भव 존재] ⓜ 패배, 소멸

- युद्ध में रावण का पराभव हुआ।
  전쟁에서 라반이 패배하였다.

- हमें जल्दी पराभव नहीं स्वीकरना चाहिए।
  우리는 패배를 쉽사리 인정하지 않아야 한다.

- उन्हें हमसे हमेशा पराभव ही मिला है।
  그들은 우리에게 항상 패배했다.

(ii) पराजय [परा + जय 승리] ⓕ 패배

- पुत्र से पराजय में पिता ख़ुश होता है।
  아들에게 패배할 때 아버지는 기뻐한다.

- क्या तुमने पराजय को स्वीकार कर लिया?
  너는 패배를 인정했는가?

(iii) परावृत्त [परा + वृत्त 회전한] ⓐ 되돌아온, 되돌려진

- हमने शुत्र सेना को परावृत्त कर दिया।
  우리는 적군을 돌려보냈다.

- दुर्विचार आएँ तो उन्हें परावृत्त कर दो।
  나쁜 생각들이 오면 그것들을 돌려보내라.

- आप हमेशा मुझे परावृत्त करते रहे।
  당신은 항상 나를 돌려보냈다.

(iv) पराहत [परा + हत 가격된] ⓐ 공격된, 피습된, 습격된

- पुलिस कर्मियों ने तीन आतंकवादियों को पराहत कर दिया।
  경찰관들이 세 명의 테러리스트들을 습격했다.

- तुम इतने पराहत से क्यों लग रहे हो?
  너는 왜 공격을 당한 듯 보이니?

- उस दार्शनिक ने अन्य मतों को पराहत कर दिया है।
  그 철학가는 다른 주장들을 공격했다.

2. 멀리 거리가 먼

(i) पराकृत [परा + कृत 행해진] ⓐ 배제된, 거부된

- उसने अपने व्यवहार से मुझे पराकृत कर दिया।
  그는 자신의 행동으로 나를 배제했다.

- उस लड़की के प्रस्ताव को भाई पराकृत कर देगा।
  그 소녀의 제안을 형이 거부할 것이다.

- आप ऐसे हमें पराकृत नहीं कर सकते!
  당신은 이렇게 우리를 배제할 수 없어요!

3. आगे की ओर 앞쪽으로

(i) परामर्श [परा + मर्श 조언] ⓜ 상담, 의논, 충고

- मैं गुरु जी से कुछ परामर्श चाहता हूँ।
  나는 스승님과 상담하길 원한다.

- क्या आप उन्हें परामर्श देंगे?
  당신이 그들에게 충고하시겠어요?

- इस बारे में तुम्हारा क्या परामर्श है?
  이것에 관해서 네 충고는 뭐니?

(ii) पराक्रमण [परा + क्रमण 감] ⓜ 돌진, 진격

- हमारी सेना ने शत्रुओं पर पराक्रमण कर दिया।
  우리 군대가 적들에게 진격했다.

- कोरोना के पराक्रमण से पूरी दुनिया त्रस्त है।
  코로나의 공격으로 전 세계가 두려워한다.

- खेल में भारत का पराक्रमण बहुत मज़बूत था।
  경기에서 인도의 공격이 매우 강했다.

14과

परि

परि는 산스끄리뜨어의 어근 पृ '완성하다, 만족시키다'에서 파생한 접두사로서 ①사방이나 주위로, ②심하게 또는 강하게, ③완전하거나 철저하게, ④비난받을 만한 등의 의미를 나타낸다.

1. चारों ओर 사방으로, 주위로

(i) परिभ्रमण [परि + भ्रमण 돌아다님] ⓜ 방랑, 여행, 회전, 선회

- सन्यासी हमेशा परिभ्रमण पर रहता है।
  수행자가 항상 방랑하며 지낸다.

- पृथ्वी सूर्य का परिभ्रमण करती है।
  지구가 태양을 공전한다.

- तुम क्यों अकसर परिभ्रमण पर रहते हो?
  너는 왜 자주 여행을 다니니?

(ii) परिक्रमा [परि + क्रमा (<क्रम् 걷다)] ⓕ 주변을 돌기, 둘레를 빙 돎

- मैंने विश्वविद्यालय की परिक्रमा की।
  내가 대학을 빙 돌았다.

• बच्चा दिन भर आँगन में परिक्रमा करता रहता है।
아이가 종일 마당에서 빙빙 돈다.

• अब आप दोनों यज्ञमंडप की परिक्रमा कीजिए।
이제 당신 둘은 제식장(祭式場) 둘레를 도세요.

(iii) परिचय [परि + चय (<चि 모으다)] ⓜ 소개, 안면, 면식

• मैंने अपना परिचय दिया।
나는 내 소개를 했다.

• कृपया प्रोफेसर से मेरा परिचय करा दीजिए।
제발 교수님에게 나를 소개해 주세요.

• मेरा उनसे परिचय नहीं था।
나는 그분과 안면이 없었다.

2. बहुत अधिक या बहुत जोरों से 심하게, 강하게

(i) परित्याग [परि + त्याग 포기] ⓜ 단념, 포기, 희생

• बुद्ध ने राजपाट का परित्याग कर दिया था।
부처는 왕위를 포기했었다.

• उसने शराब का परित्याग कर दिया।
그는 술을 끊었다.

• आपने तो मेरा परित्याग कर दिया है।
당신은 나를 버렸다.

(ii) परिताप [परि + ताप 열] ⓜ 심한 열, 고뇌, 비통, 후회, 가책

- अब मैं इस परिताप को नहीं सह सकता।
  이제 나는 이 뜨거움을 참을 수 없다.

- वह अपने माता–पिता को परिताप देता रहा।
  그는 자신의 부모님에게 고통을 주고 있었다.

- न जाने दुनिया इस संक्रमक रोग के परिताप से कब मुक्त होगी!
  세상이 이 코로나의 고통에서 언제 자유로워질까!

(iii) परिश्रम [परि + श्रम 노동] ⓜ 노력, 근면

- परिश्रम करो, सफलता निश्चित है।
  노력해라, 분명히 성공한다.

- उसको बिना परिश्रम के ही सब कुछ मिल गया।
  그는 노력 없이 모든 것을 얻었다.

- इस परीक्षा को पास करने में बहुत परिश्रम लगेगा।
  이 시험을 통과하는 데에 많은 노력이 들 것이다.

3. अच्छी तरह से, सम्यक् रूप से 잘, 완전히, 철저히

(i) परिवर्धन [परि + वर्धन 증가] ⓜ 성장, 발전

- आपने इसका परिवर्धन कर दिया।
  당신은 이 사람을 성장시켰다.

- कोरिया ने आर्थिक क्षेत्र में बहुत परिवर्धन किया।
  한국은 경제적인 분야에서 많은 성장을 이뤄냈다.

- मैं आपके ज्ञान में बहुत परिवर्धन देख रहा हूँ।
  나는 당신의 지식에 많은 성장을 보고 있다.

(ii) परिरक्षण [परि + रक्षण 보호] ⓜ (전적으로) 보호, 보존

- राजा को सब तरह से प्रजा का परिरक्षण करना चाहिए।
  왕은 전적으로 민중을 보호해야 한다.

- हमें अपने से कमज़ोर का परिरक्षण करना पड़ेगा।
  우리는 자신보다 약자를 보호해야 할 것이다.

- अपने स्वास्थ्य का परिरक्षण करो।
  자신의 건강을 보전하세요.

(iii) परिवर्तन [परि + वर्तन 회전] ⓜ 변화

- आज भारत में बहुत कुछ परिवर्तन हो रहा है।
  오늘날 인도에 많은 변화가 일어나고 있다.

- उसके स्वभाव में परिवर्तन आएगा।
  그의 감정에 변화가 일 것이다.

- क्या पिताजी के स्वास्थ्य में कोई परिवर्तन है?
  아버지의 건강에 무슨 변화가 있니?

(iv) परिवार [परि + वार 덮음] ⓜ 가족, 가정, 식구

- मेरे परिवार में 5 सदस्य हैं।
  우리 가족은 5명이다.

- आपके परिवार में कौन–कौन है?
  당신의 가족에는 누가 누가 있나요?

- सारा संसार ही मेरा परिवार है।
  전 세계가 나의 가족이다.

4. निंदनीय 비난받을 만한

(i) परिहास [परि + हास 웃음] ⓜ 농담, 조롱

- साधुजनों के साथ परिहास मत करो।
  수행자들과 농담하지 말아라.

- वे मेरा परिहास करते थे।
  그들이 나를 놀렸었다.

- ग़रीबों का परिहास करके तुमको क्या मिलेगा?
  가난한 사람들을 놀려서 네가 얻는 것이 뭐니?

(ii) परिवाद [परि + वाद 말하기] ⓜ 비난, 비방, 중상

- किसी का परिवाद न करो।
  누군가를 비난하지 마라.

- मुझे उसके मुख से गुरु के परिवाद सुनकर दुःख हुआ।
  나는 그가 스승을 비난하는 것을 듣고 슬펐다.

- बच्चो, किसी परिवाद पर विश्वास नहीं करना।
  애들아, 아무 비방도 믿지 마라.

(iii) परिग्रह [परि + ग्रह 잡음] ⓜ 축재, 축적

- परिग्रह एक बुरी आदत है।
  축재는 나쁜 습관이다.

- तुम इतना परिग्रह क्यों करते हो।
  너는 이렇게나 재물을 왜 축적하니?

- मूर्ख लोग परिग्रह में लगे रहते हैं।
  어리석은 사람은 재물을 모으는 것에 몰두한다.

15과

प्र

प्र는 산스끄리뜨어의 어근 प्रथ् '퍼지다, 확산되다'에서 파생한 접두사로서 ① 훌륭히 잘, ②많은, ③앞에 또는 앞으로 등의 의미를 나타낸다.

1. अच्छी तरह से 훌륭하게, 잘

(i) प्रकट [प्र + कट (<कट् 에워싸다)] ⓐ 분명한, 명백한, 나타난, 드러난, 밝힌

- वह राक्षस कहाँ से प्रकट हो गया?
  그 악귀는 어디에서 나타났지?

- रात को मेरे सपने में देवता प्रकट हुए।
  밤에 나의 꿈에 신이 나왔다.

- उन्होंने अपने विचार प्रकट किए।
  그분은 자신의 생각을 밝혔다.

2. अधिक 많은

(i) प्रकांड [प्र + कांड 줄기] ⓐ 거대한, 최고의, 탁월한

- विद्यासागर एक प्रकांड पंडित हैं।
  비댜사가르는 대학자이다.

- यह बड़ी प्रकांड घटना थी।
  이건 매우 거대한 사건이었다.

- तुम्हारा तर्क प्रकांड है।
  너의 논리는 대단하다.

(ii) प्रकोप [प्र + कोप 화] ⓜ 진노, 격노, 격분

- भूकंप प्रकृति का प्रकोप है?
  지진은 자연의 분노인가?

- मैं गुरुजी के प्रकोप से डरता था।
  나는 스승님의 진노를 두려워했었다.

- उस राक्षस के प्रकोप से भी कौन बचा है?
  그 악귀의 분노로부터도 누가 벗어났는가?

(iii) प्रबल [प्र + बल 힘] ⓐ 강한, 우세한

- वह प्रबल बुद्धिवाला लड़का है?
  그 소년은 지력(智力)이 강하니?

- यह एक प्रबल तर्क है।
  이것은 강력한 논리이다.

- मेरी भूख बहुत प्रबल थी।
  나는 허기가 매우 심했다.

(iv) प्रख्यात [प्र + ख्यात 이름난] ⓐ 덕망 있는, 저명한, 유명한

- दिलिप कुमार भारत के एक प्रख्यात अभिनेता हैं।
  딜립 꾸마르는 인도의 유명한 배우이다.

• तुम एक दिन प्रख्यात संगीतकार बनोगे।
  너는 언젠가 유명한 음악가가 될 것이다.

• गांधी जी का नाम पूरी दुनिया में प्रख्यात है।
  간디의 이름은 전 세계에 유명하다.

(v) प्रचुर [प्र + चुर(〈चुर् 훔치다)] ⓐ 풍부한, 풍성한, 푸짐한

• हमारे पास प्रचुर ईंधन है।
  우리에게 충분한 연료가 있다.

• क्या आपके पास प्रचुर मात्रा में खाने की चीज़ें थीं?
  당신에게 풍부할 정도로 먹을 것이 있었나요?

• अमेरिका के पास प्रचुर धन है।
  미국은 대단히 부유하다.

3. सामने, आगे की ओर 앞에, 앞으로

(i) प्रत्यक्ष [प्र + अक्षि 눈] ⓐ 볼 수 있는, 뚜렷한, 직접적인

• इस घटना का प्रत्यक्ष कारण लापरवाही है।
  이 사건의 직접적인 원인은 부주의이다.

• यदि आप प्रत्यक्ष रूप में यह देखोगे, तो आप अलग महसूस करेंगे।
  당신이 직접 보면 다른 느낌이 들 것입니다.

• प्रत्यक्ष कर कल तक देय हैं।
  직접세는 내일까지 납부해야 한다.

(ii) प्रगति [प्र + गति 이동] ⓜ 전진, 진보, 향상

- हमारा देश प्रगति के रास्ते पर है।
  우리나라는 진보의 도상에 있다.

- विज्ञान की प्रगति से मानवता को लाभ होता है।
  과학의 진보로 인류는 혜택을 받는다.

- हमारे जीवन में दिन-प्रतिदिन प्रगति हो रही है।
  우리 삶이 나날이 향상되고 있다.

16과

प्रति

प्रति는 산스끄리뜨어의 어근 प्रथ् '퍼지게 하다, 확산시키다'에서 파생한 접두사로서 ①대립적이거나 상대하는, ②모방된 또는 본뜬, ③대체하는, 대리의, ④잘 온전하게, ⑤사방으로 등의 다양한 의미를 나타낸다.

1. विरोधी 반대의, 대립의

(i) प्रतिद्वंद्वी [प्रति + द्वंद्वी 대립하는] ⓜ 상대, 적수, 정적

- रावण राम का प्रतिद्वंद्वी था।
  라반은 람의 적수였다.

- वह विश्वविद्यालय में मेरा प्रतिद्वंद्वी था।
  그는 대학에서 나의 라이벌이었다.

- तुम मुझे अपना प्रतिद्वंद्वी क्यों समझते हो?
  왜 너는 나를 너의 맞수로 여기니?

(ii) प्रतिवाद [प्रति + वाद 말] ⓜ 반박, 반론

- मैंने उसका कोई प्रतिवाद नहीं किया।
  나는 그를 어떤 반박도 하지 않았다.

- विपक्षी नेता ने प्रधानमंत्री का प्रतिवाद किया।
  야당 지도자가 총리를 반박했다.

- वह तो हमेशा मेरा प्रतिवाद करता रहा।
  그는 항상 나를 반박했다.

(iii) प्रतिकूल [प्रति + कूल 둑] ⓐ 반대의, 방해의, 역행의

- यहाँ का वातावरण अध्ययन के प्रतिकूल है।
  여기의 분위기는 공부에 방해된다.

- उसका व्यवहार बहुत प्रतिकूल था।
  그의 행동은 매우 거스르는 것이었다.

- हवा प्रतिकूल दिशा की ओर चल रही है।
  바람이 반대 방향으로 분다.

2. अनुकृत 모방된, 본뜬

(i) प्रतिलिपि [प्रति + लिपि 문자] ⓕ 카피, 사본

- इस पुस्तक की प्रतिलिपि कर दीजिए।
  이 책을 복사해 주세요.

- क्या इसकी अन्य प्रतिलिपियाँ भी हैं?
  이 책의 다른 사본들도 있나요?

- उस चिट्ठी की प्रतिलिपियाँ अब भी उपलब्ध हैं।
  그 편지의 사본들이 지금도 존재한다.

(ii) प्रतिमूर्ति [प्रति + मूर्ति 상(像)] ⓕ 모형, 상, 형상, 상징

- ईसा मसीह करुणा की प्रतिमूर्ति थे।
  예수 그리스도는 자비의 상징이었다.

- सरस्वती ज्ञान की प्रतिमूर्ति है।
  사라스와띠는 지식의 상징이다.

- यह बालक हमारी आशाओं की प्रतिमूर्ति होगा।
  이 아이는 우리 희망의 우상이 될 것이다.

(iii) प्रतिच्छाया [प्रति + छाया 그림자] ⓕ 그림자, 복사판, 반영(反影)

- वह तो बिल्कुल अपनी माँ की प्रतिच्छाया है।
  그는 완전히 자신의 엄마의 복사판이다.

- हमें किसी की प्रतिच्छाया नहीं होना चाहिए।
  우리가 누군가의 복사판이어서는 안된다.

- उसमें अपने गुरु की प्रतिच्छाया दिखती है।
  그에게 그의 스승과 닮은 모습이 보인다.

3. स्थानापन्न 대체하는, 대리의

(i) प्रतिनिधि [प्रति + निधि (<नि+धा 차지하다)] ⓜ 대표, 대리

- तुम कोरिया में हमारे प्रतिनिधि हो।
  너는 한국에서 우리의 대표이다.

- पुत्र पिता का प्रतिनिधि बन सकता है।
  아들은 아버지의 대리가 될 수 있다.

- मैं छात्रों का प्रतिनिधि बनकर जाऊँगा।
  나는 학생 대표가 되어 갈 것이다.

(ii) प्रति–अधीक्षक [प्रति + अधीक्षक 감독관] ⓜ 감독관 서리

- मैंने प्रति–अधीक्षक के रूप में काम किया।
  나는 감독관 서리로서 일을 했다.

- क्या तुम उसके प्रति–अधीक्षक हो?
  너는 그의 감독관 서리이니?

- हम प्रति–अधीश्रक से मिलकर आए हैं।
  우리는 감독관 서리와 만나고 왔다.

4. ठीक तरह से, सम्यक् रूप से 잘, 전적으로

(i) प्रतिपादन [प्रति + पादन (<पद् 가다+사동)] ⓜ 설명, 해설, 주장, 발표

- आचार्य ने अपने विषय का प्रतिपादन किया।
  학자는 자신의 논제를 발표했다.

- सभा में तुम्हारा प्रतिपादन अति उत्तम था।
  회의에서 너의 발표가 단연 최고였다.

- गुरु जी, सत्य क्या है, कृपया प्रतिपादन करें।
  스승님, 진리는 무엇입니까, 제발 설명해주세요.

(ii) प्रतिबोध [प्रति + बोध 앎] ⓜ 깨우침, 깨달음

- मुझे इस बात का कोई प्रतिबोध नहीं था।
  나는 이것을 깨우치지 못했었다.

- आपसे मिलकर मुझे बहुत प्रतिबोध मिला।
  당신과 만나서 나는 매우 깨달음을 얻었다.

- अपने बोध को प्रतिबोध बनाओ, मेरे प्रिय!
  자신의 앎을 깨달음으로 만들어라, 나의 친애하는 자여!

(iii) प्रतिरोध [प्रति + रोध 막음] ⓜ 방해, 저항

- हमने उनका प्रतिरोध किया।
  우리는 그를 막았다.

- तुम तो हमेशा ही मेरा प्रतिरोध करते रहे।
  너는 항상 나에게 저항했다.

- हमें प्रतिरोध की नीति त्यागनी होगी।
  우리는 저항 정책을 포기해야 할 것이다.

5. चारों ओर से 사방으로

(i) प्रतिमंडल [प्रति + मंडल 원] ⓜ 대표단

- छात्रों का प्रतिमंडल कुलपति से मिला।
  학생의 대표단이 총장과 만났다.

- मैं भी उस प्रतिमंडल में शामिल था।
  나도 그 대표단에 속해 있었다.

- आज शाम विपक्षी नेताओं का प्रतिमंडल राष्ट्रपति से मिलेगा।
  오늘 저녁 야당 지도자들의 대표단이 대통령과 만날 것이다.

(ii) प्रतिरक्षा [प्रति + रक्षा 보호] ⓕ 수호

• शरीर की प्रतिरक्षा करनी होगी।
신체를 보호해야 할 것이다.

• सैनिक लोग देश की सीमाओं की प्रतिरक्षा करते हैं।
군인들이 국경을 방어한다.

• तुम्हें अपनी प्रतिरक्षा क्षमता बढ़ानी होगी।
너는 자신의 보호 능력을 올려야 할 것이다.

17과

वि

वि는 산스끄리뜨어의 어근 वा '가다, 이동하다'에서 파생한 접두사로서 ①변형되거나 나쁜, ②분리된, ③다른, 특이한, ④극심하거나 강한, ⑤퍼진, 펼쳐진, ⑥결핍된, 없는 등의 여러 의미를 나타낸다.

1. विकारी 변형된, 변화된, 해로운

(i) विकर्म [वि + कर्म 행위, 활동] ⓜ 악행, 나쁜 짓

- विकर्म करने वालों को बुरा फल मिलता है।
  악행을 하는 사람들에게 나쁜 결과가 얻어질 것이다.

- रावण ने सीताहरण जैसा भयंकर विकर्म किया था।
  라반이 시따를 납치한 것과 같은 악행을 했었다.

- जीवन में सुकर्म करें, कभी विकर्म नहीं।
  살면서 선행을 하세요, 결코 악행은 안 돼요.

(ii) विकृत [वि + कृत 행해진] ⓐ 망가진, 일그러진, 뒤틀린, 변한, 상한

- वह विकृत मानसिकता वाला आदमी है।
  그는 뒤틀린 심성을 가진 사람이다.

- पता नहीं मेरे भाई को क्या हुआ, उसका स्वभाव बहुत विकृत होता जा

रहा है।

나의 형에게 무슨 일이 일어났는지 모르겠다, 그의 성격이 매우 망가져 가고 있다.

- ज़्यादा समय तक रखने से भोजन विकृत हो जाता है।

  오래 두면 음식이 상하게 된다.

2. अलग, पृथक 분리된

(i) विघटन [वि + घटन 생겨남] ⓜ 해체, 분열, 분할

- भारत और पाकिस्तान के रूप में देश का विघटन हुआ।

  인도와 파키스탄으로 나라가 분할되었다.

- कई बार समझदार न होने के कारण परिवारों में विघटन हो जाता है।

  많은 경우 분별력이 없어 가족이 해체된다.

- ध्यान रखना, लोगों के मन का विघटन न हो!

  주의해라, 사람들의 마음이 분열되지 않도록!

(ii) विक्षेप [वि + क्षेप 던짐] ⓜ 산만, 산란, 흩어짐

- योगशास्त्र का उद्देश्य मन का विक्षेप न होने देना है।

  요가학의 목적은 마음을 산만하지 않게 하는 것이다.

- देखो, किताब के पृष्ठों का कितना विक्षेप हो गया है।

  봐라, 책의 낱장들이 얼마나 떨어져 나갔는지.

- हिन्दी विक्षेप का मतलब संक्षेप का उलटा होता है।

  힌디어 '산만'의 의미는 '개략'의 반대이다.

3. विशेष 남다른, 다른

(i) विलक्षण [वि + लक्षण 특징] ⓐ 특이한, 특출난, 독특한

- विवेकानन्द विलक्षण प्रतिमा वाले व्यक्ति थे।
  비베까난다는 독특한 이미지의 사람이었다.

- वह सोचता है कि वह जीवन में कुछ विलक्षण करे।
  그가 삶에서 무언가 특이한 것을 이루고자 생각한다.

- तुम ख़ुद को क्यों इतना विलक्षण समझते हो?
  너는 스스로를 왜 이렇게나 특출나다고 생각하니?

(ii) विनम्र [वि + नम्र 겸손한] ⓐ (특히) 겸손한, 겸양의

- विद्या हमें विनम्र बनाती है।
  지식은 우리를 겸손하게 만든다.

- यहाँ लोगों का व्यवहार बहुत विनम्र होता है।
  이곳 사람들의 행동은 매우 겸손하다.

- मेरा आप सब से विनम्र अनुरोध है कि कोलाहल न करें।
  여러분 모두에게 소란을 피우지 마시길 겸손히 간청합니다.

4. तीव्र 극심한, 강한

(i) विकट [वि + कट (<कट् 가다)] ⓜ 무서운, 두려운, 가공할, 어마어마한

- कोरोना ने दुनिया के सामने एक विकट समस्या खड़ी कर दी है।
  코로나는 세계 앞에 무시무시한 문제를 일으켰다.

- वह एक विकट राक्षस था।
  그는 무서운 악귀였다.

- कल मेरे घर के सामने एक विकट दुर्घटना हुई।
  어제 나의 집 앞에 가공할 사건이 벌어졌다.

(ii) विकराल [वि + कराल 무서운] ⓐ 무시무시한

- उसका चेहरा बहुत विकराल था।
  그의 얼굴이 매우 무서웠다.

- द्वितीय विश्वयुद्ध का समय बहुत विकराल था।
  2차 세계대전의 시기는 매우 끔찍했다.

- वह मंज़र बहुत विकराल था।
  그 장면은 매우 무서웠다.

(iii) विकास [वि + कास (<कस् 빛나다)] ⓜ 발전, 진보, 진전

- कोरिया ने पिछले 50 वर्षों में बहुत आर्थिक विकास किया है।
  한국은 지난 50년 동안 경제적인 발전을 많이 이루었다.

- विद्यालय में जाने से छात्र के व्यक्तित्व का विकास होता है।
  학교에 다님으로써 학생들의 인격이 향상된다.

- बहुत से लोगों का आध्यात्मिक विकास बिल्कुल नहीं होता।
  상당히 많은 사람들의 영적인 성장이 전혀 이뤄지지 않는다.

5. फैला हुआ 펴진

(i) विस्तार [वि + स्तर (<स्तृ 펴지다)] ⓐ 확장, 증대

- अपनी बात को थोड़ा विस्तार से समझाओ।
  자신의 말을 좀 자세하게 설명해라.

- उन नेता के धन का बहुत विस्तार हुआ।
  그 지도자의 재산이 늘었다.

- अपने हृदय का विस्तार करो।
  자신의 마음을 넓게 써라.

6. रहित 결핍된, 없는

(i) विकाम [वि + काम 욕망] ⓐ 집착 없는, 욕망 없는, 욕구가 없는

- ज्ञान से मनुष्य विकाम हो जाता है।
  앎으로 인간은 집착이 없어진다.

- वह विकाम होकर सन्यासी बन गया है।
  그는 집착을 버리고 수행자가 되었다.

- विकाम होना ही जीवन का समाधान है।
  욕망을 버리는 것이 인생의 해결책이다.

(ii) विकर्ण [वि + कर्ण 귀] ⓜ 귀가 없는, 들리지 않는

- वह युद्ध में घायल होकर विकर्ण हो गया था।
  그는 전쟁에서 다쳐서 귀가 들리지 않았었다.

- तुम विकर्ण हो क्या, सुनते क्यों नहीं?
  너는 귀가 없니, 왜 안 듣니?

- जब बुरी बातों को सुनने का प्रसंग हो, हमें विकर्ण हो जाना चाहिए।
  안 좋은 이야기를 듣는 상황에 처하면, 우리는 귀를 닫아야 한다.

(iii) विकचित [वि + कचित 묶인] ⓐ (꽃이) 피어난

- उद्यान में पुष्प विकचित हो रहे हैं।
  정원에 꽃이 피어나고 있다.

- माँ का मन विकचित है।
  엄마의 마음이 (활짝) 피어났다.

- दीवाली का समय है, सबके हृदय विकचित हैं।
  디왈리이다, 모두의 마음이 (활짝) 폈다.

18과

सम्

सम्은 산스끄리뜨어의 어근 सो '완성하다, 이루다'에서 파생한 접두사로서 ① 완전한, 온전한, ②잘, 훌륭하게, ③함께, 더불어 등의 의미를 나타낸다.

1. पूर्ण 완전한

(i) संकल्प [सम् + कल्प 할 수 있는] ⓜ 결심, 결의, 결단

- मैंने कभी झूठ न बोलने का संकल्प लिया है।
  나는 결코 거짓을 말하지 않겠다고 결심했다.

- हमारा संकल्प था कि हम हमेशा ग़रीबों की सेवा करेंगे।
  우리가 항상 가난한 사람들을 돕겠다고 결심했었다.

- कृपया इतना कठिन संकल्प मत कीजिए।
  제발 이렇게 어려운 결단을 내리지 마세요.

(ii) संतोष [सम् + तोष 만족] ⓜ 만족, 흡족

- समझदार लोग थोड़े में ही संतोष कर लेते हैं।
  현명한 자들은 작은 것에서 만족한다.

- मुझे संतोष है कि तुम वापस आ गए।
  네가 돌아와서 나는 흡족하다.

- संतोष से बढ़कर कोई गुण नहीं।
  만족보다 나은 미덕은 없다.

(iii) संहार [सम् + हार 패배] ⓜ 전멸, 파괴, 살육

- आग से सारे गाँव का संहार हो गया।
  화재로 마을 전체가 파괴됐다.

- क्या कभी संसार का संहार होगा?
  언젠가 세상이 전멸될까요?

- क्रोध अच्छे गुणों का भी संहार कर देता है।
  분노는 좋은 자질도 파괴한다.

2. अच्छी तरह से 잘, 훌륭하게

(i) संरक्षित [सम् + रक्षित 보호된] ⓐ 수호된, 보호된, 안전한

- इस राजा के हाथ में देश संरक्षित है।
  이 왕에 의해 나라가 수호된다.

- मैं चाचाजी के पास संरक्षित हूँ।
  나는 삼촌의 곁에서 안전하다.

- आपने मेरी पुस्तक को संरक्षित रखा।
  당신은 나의 책을 잘 보관했다.

(ii) संक्रमित [सम् + क्रमित 나아간] ⓐ 전파된, 전염된

- कुछ रोग जल्दी संक्रमित हो जाते हैं।
  어떤 질병은 빨리 전염된다.

- इस सूचना को सब के बीच संक्रमित कर दो!
  이 정보를 모두에게 전파해라!

- मुस्कराने से ख़ुशी संक्रमित होती है।
  웃음으로써 행복이 전파된다.

3. सहित 함께

(i) संगम [सम् + गम 감] ⓐ 합류, 교차점

- संगम का अर्थ है मिलन, सम्मिलन।
  상감의 의미는 만남, 연결이다.

- दो नदियों के मिलने के स्थान को संगम कहा जाता है।
  두 강이 만나는 지점을 합류점이라고 한다.

- इलाहाबाद गंगा और यमुना नदियों के संगम पर स्थित है।
  알라하바드는 갠지스강과 야무나강의 합류점에 위치해 있다.

(ii) संयुक्त [सम् + युक्त 연결된] ⓐ 결합된, 합동의, 융합된

- ये धातुएँ प्रकृति में संयुक्त रूप में रहती हैं।
  이 금속들은 자연계에서 융합 상태로 있다.

- संयुक्त राष्ट्र का मुख्यालय अमेरिका में है।
  국제 연합의 본부는 미국에 있다.

- संस्कृत में ऐ और औ संयुक्त स्वर हैं।
  산스끄리뜨어에서 ऐ와 औ는 이중 모음이다.

(iii) संलग्न [सम् + लग्न 붙은] ⓐ 부착된, 연결된, 붙은, 동봉된, 인접한

- चिट्ठी के साथ सौ रुपए भी संलग्न थे।
  편지에 백 루피가 동봉되어 있었다.

- तुमने अपनी शर्ट में यह क्या सलग्न कर रखा है।
  너는 네 조건에 이 무엇을 덧붙여 두었는가?

- वह सदा अपने गुरु के साथ ही संलग्न रहता है।
  그는 항상 자신의 스승의 곁에 붙어 있다.

(iv) सम्मिश्रण [सम् + मिश्रण 섞음] ⓜ 혼합, 섞음

- हलवा चीनी के सम्मिश्रण से बनता है।
  할와 당과는 설탕을 혼합하여 만들어진다.

- कथाकार ने अपनी कथा में हास्य का सम्मिश्रण किया है।
  이야기꾼이 자신의 이야기에 해학을 섞었다.

- खीर में थोड़ा और दूध का सम्मिश्रण कर कीजिए।
  키르 죽에 우유를 약간 더 섞어 주세요.

(v) सम्मेलन [सम् + मेलन 만남] ⓜ 회합, 집회, 대회

- भारत में कुंभ का मेला एक बड़ा धार्मिक सम्मेलन होता है।
  인도에서 꿈부멜라 축제는 매우 큰 종교적인 집회이다.

- हम छात्रसम्मेलन में गए थे।
  우리는 학생 집회에 갔었다.

- क्या तुम इस राजनैतिक सम्मेलन में शामिल होगे?
  너는 이 정치 집회에 참석할래?

연습문제 ②

[1–8] निम्नलिखित उपसर्गों का अर्थों से उचित मिलान कीजिए।

1. नि	① 사방으로, 많이, 잘, 비난받을 만한
2. निर्	② 변형된, 분리된, 남다른, 극심한, 퍼진, 결핍된
3. परा	③ 수집의, 많은, 전체의
4. परि	④ 반대의, 먼, 앞쪽으로
5. प्र	⑤ 완전한, 잘, 함께
6. प्रति	⑥ 반대의, 모방된, 대리의, 잘, 사방으로
7. वि	⑦ 없는, 적은, 잘
8. सम्	⑧ 훌륭하게, 많은, 앞에

[9–16] शब्दों के नीचे दिए गए मूल शब्द में जुड़े प्रत्यय के विकल्पों में से सही विकल्प चुनिए।

9. निकाय

① न + इकाय ② नि + काय

10. निरीश्वरवादी

① निर् + ईश्वारवादी ② नि + रीश्वरवादी

11. पराभव

① परा + भव ② पर + आभव

12. परिभ्रमण

① प + रिभ्रमण ② परि + भ्रमण

13. प्रकट

① प्रक् + अट ② प्र + कट

14. प्रतिद्वंद्वी

① प्र + तिद्वंद्वी ② प्रति + द्वंद्वी

15. विकर्म

① विक + र्म ② वि + कर्म

16. संकल्प

① सम् + कल्प ② संक् + अल्प

[17–32] उन उपसर्गयुक्त शब्दों को चुनिए जो रेखांकित पदों के स्थान पर प्रयुक्त किए जा सकते हैं।

17. वहाँ छात्रों का समूह जमा हो गया।

① निबंध ② निकर ③ नितांत ④ निमग्न

18. मैं अपने भविष्य को लेकर आशारहित नहीं हूँ।

① निराश ② निराकार ③ निरादर ④ निर्गम

19. क्या तुमने हार को स्वीकर कर लिया?

① परावृत ② पराहत ③ पराजय ④ पराकृत

20. मेरा उनसे जान–पहचान नहीं था।

① परिक्रमा ② परित्याग ③ परिताप ④ परिचय

21. विद्यासागर एक सर्वश्रेष्ठ पंडित हैं।

① प्रकोप ② प्रकांड ③ प्रबल ④ प्रख्यात

22. वह बिल्कुल अपनी माँ की परछाई है।

① प्रतिच्छाया ② प्रतिवाद ③ प्रतिलिपि ④ प्रतिपादन

23. भारत और पाकिस्तान के रूप में देश का विभाजन हुआ।

① विक्षेप ② विघटन ③ विनम्र ④ विकराल

24. आग से सारे गाँव का नाश हो गया।

① संतोष ② सम्मिश्रण ③ संहार ④ संरक्षित

25. वह अध्ययन में <u>तल्लीन</u> रहता है।

① निकाय ② निखिल ③ निबंध ④ निमग्न

26. मंत्री विद्यालय की <u>जाँच</u> कर रहे हैं।

① निराकांक्षा ② निरुत्साह ③ निरीक्षण ④ निर्णय

27. मैं गुरु से कुछ <u>सलाह</u> चाहता हूँ।

① परामर्श ② पराक्रमण ③ पराभव ④ पराजय

28. बच्चो, किसी <u>निंदा</u> पर विश्वास नहीं करना।

① परिवर्धन ② परिवाद ③ परिहास ④ परिवर्तन

29. अमेरिका के पास <u>बहुत अधिक</u> धन है।

① प्रकट ② प्रकांड ③ प्रख्यात ④ प्रचुर

30. हमने उनकी <u>रुकावट</u> की।

① प्रतिबोध ② प्रतिमंडल ③ प्रतिरोध ④ प्रतिरक्षण

31. विवेकानंद <u>असाधारण</u> प्रतिमा वाले व्यक्ति थे।

① विलक्षण ② विकास ③ विस्तार ④ विकचित

32. चिट्ठी के साथ सौ रुपए भी <u>जुड़े हुए</u> थे।

① संकल्प ② संलग्न ③ संतोष ④ संहार

[33–40] निम्नलिखित शब्दों से मूलशब्द और उपसर्ग अलग कीजिए।

33. नितांत ____________ ____________

34. निरुत्तर ____________ ____________

35. पराकृत ____________ ____________

36. परिक्रमा ____________ ____________

37. प्रख्यात ____________ ____________

38. प्रतिबोध ____________ ____________

39. विनम्र ____________ ____________

40. संक्रमित ____________ ____________

정답

[1–8]

1 ③
2 ⑦
3 ④
4 ①
5 ⑧
6 ⑥
7 ②
8 ⑤

[9–16]

9 ②
10 ①
11 ①
12 ②
13 ②
14 ②
15 ②
16 ①

[17–32]

17 ②
18 ①
19 ③
20 ④
21 ②
22 ①
23 ②
24 ③
25 ④
26 ③
27 ①
28 ②
29 ④
30 ③
31 ①
32 ②

[33–40]

33 नि / तांत
34 निर् / उत्तर
35 परा / कृत
36 परि / क्रमा
37 प्र / ख्यात
38 प्रति / बोध
39 वि / नम्र
40 सम् / क्रमित

2

2부

따뜨삼 단어에서 온 접두사

19과

अंतर्, अन्तः

अंतर् 는 산스끄리뜨어의 अन्तर् '안에, 사이에'에서 유래한 접두사로서 '안에', '안쪽에' 등의 의미를 나타낸다.

1. अंदर, भीतर 안에, 안쪽

(i) अंतःकरण [अंतः + करण 도구] ⓜ 의식, 정신, 내면, 진심

- साधु का अन्तःकरण शुद्ध होता है।
  성인의 정신은 순수하다.

- मेरा अंतःकरण कहता है कि तुम परीक्षा में पास हो जाओगे।
  나의 내면이 말한다, 네가 시험에 통과할 거라고.

- मैं अपने अंतःकरण से बोल रहा हूँ।
  나는 진심으로 말하고 있다.

(ii) अंतर्देशीय [अंतर् + देशीय 나라의] ⓐ 국내의

- आजकल अंतर्देशीय उड़ानें भी बंद हैं।
  요즘 국내 항공도 막혔다.

- वह भारतीय अंतर्देशीय उद्योग में क्रांति लाया।
  그가 인도의 국내 산업에 혁신을 가져왔다.

• अंतर्देशीय हवाई–अड्डा किस तरफ़ है?
국내선 공항이 어느 쪽입니까?

(iii) अंतर्मन [अंतर् + मन 마음] ⓜ 내면, 내면 의식, 진심

• मेरा अंतर्मन कहता है आज हमारा बेटा आएगा।
나의 내면이 말한다, 오늘 우리 아들이 올 것이라고.

• क्या तुम अपने अंतर्मन से बोल रहे हो?
네가 진심으로 말하고 있는가?

• हमें अपने अंतर्मन से भी साफ़ होना चाहिए।
우리는 자신의 내면도 깨끗해야 한다.

20과

अधः

अधः는 산스끄리뜨어의 अधर '아래'에서 유래한 접두사로서 '아래에' 또는 '아래쪽으로'의 의미를 나타낸다. अधः는 유성자음 앞에서 अधो의 형태를 취한다.

1. नीचे, निम्न 아래

(i) अधःपतन [अधः + पतन 떨어짐] ⓜ 하강, 타락, 전락, 몰락

- तुम्हारे चरित्र का अधःपतन हो गया है।
  네 품성이 타락했구나.

- उसने वृक्ष से फल के अधःपतन को देखा।
  그는 나무에서 열매가 떨어지는 것을 보았다.

- इससे बढ़कर आदमी का अधःपतन क्या हो सकता है?
  이보다 더한 인간의 전락이 있을 수 있는가?

(ii) अधोमुख [अधः + मुख 얼굴] ⓐ 고개 숙인, 뒤집힌

- तुम इस तरह अधोमुख होकर क्यों बैठे हो?
  너는 이렇게 왜 고개를 숙이고 앉아있니?

- वह अधोमुख होकर प्रधानाचार्य की बात सुनता रहा।
  그는 고개를 숙이고 교장 선생님의 말씀을 듣고 있었다.

- **अधोमुख होकर लेटिए!**
  엎드리세요!

(iii) अधोलिखित [अधः + लिखित 쓰인] ⓐ 아래 쓰인

- **अधोलिखित श्लोक का अर्थ लिखिए।**
  아래 쓰인 슐로까의 의미를 쓰시오.

- **अधोलिखित में से कौन–सा शहर भारत में है?**
  아래 쓰인 것들 중에서 어떤 도시가 인도에 있나요?

- **अधोलिखित चित्रों में बंदर का चित्र कौन–सा है?**
  아래의 그림들 중에서 원숭이의 그림은 어느 것인가요?

21과

कु

कु는 산스끄리뜨어의 कु '악화된, 결핍된, 죄 있는'에서 유래한 접두사로서 '나쁜'의 의미를 나타낸다.

1. ख़राब, बुरा 나쁜

(i) कुपात्र [कु + पात्र 그릇] ⓐ 자격 없는, 가치 없는 ⓜ 시원찮은 사람, 무능한 사람

- कुपात्र को विद्या नहीं देनी चाहिए।
  그릇이 안 되는 자에게 지식을 주지 말아야 한다.

- वह लड़की बहुत अच्छी थी, दुःख है कुपात्र के पास चली गई।
  그 소녀는 매우 훌륭했는데, 무능한 자에게 갔다니 유감이다.

- आप तो मुझे हमेशा कुपात्र समझते रहे!
  당신은 나를 시원찮게 여긴다!

(ii) कुख्यात [कु + ख्यात 유명한] ⓐ 악명 높은

- समाज में उसका नाम बहुत कुख्यात था।
  사회에 그의 악명이 높았다.

- आज सेना ने चार कुख्यात आतंकवादियों को पकड़ लिया।
  오늘 군대가 악명 높은 테러리스트 넷을 체포했다.

- वह कुख्यात डाकू कुछ ही दिनों में मारा जाएगा।
  그 악명 높은 도둑이 며칠 내에 죽임을 당하게 될 것이다.

(iii) कुकृत्य [कु + कृत्य 행위] ⓜ 악행

- तुमको इस कुकृत्य की सजा अवश्य मिलेगी।
  너는 이 악행의 벌을 필히 받을 것이다.

- बड़े बड़े नेता उस कुकृत्य में शामिल थे।
  큰 지도자들이 그 악행에 가담했다.

- ऐसे कुकृत्यों के लिए प्राणदंड होना चाहिए।
  이러한 악행들에는 사형이 내려져야 한다.

22과

चिर

चिर는 산스끄리뜨어의 चिर '오랜 시간의'에서 유래한 접두사로서 '장구한, 오래도록'의 의미를 나타낸다. चिरं은 산스끄리뜨어에서 चिर의 목적격 형태로서 '오래도록'의 의미를 갖는 부사로 쓰인다.

1. बहुत अधिक समय तक **장구한, 오래도록**

(i) चिरस्थायी [चिर् + स्थायी 지속적] ⓐ 오래 지속되는, 장구한

- आपकी स्मृति हमारे मन में चिरस्थायी रहेगी।
  당신에 대한 기억이 우리 마음에 오래도록 남을 것이다.

- यह मूर्ति हमारे नेता जी को चिरस्थायी बनाए रखेगी।
  이 동상은 우리의 지도자를 장구하게 할 것이다.

- इस संसार में कोई चिरस्थायी नहीं है।
  이 세상에 아무것도 오래 가는 것은 없다.

(ii) चिरपरिचित [चिर + परिचित 아는] ⓐ 오래전부터 잘 아는

- आज मुझे एक चिरपरिचित मित्र मिला।
  오늘 나는 오래전부터 잘 아는 친구를 만났다.

- उसने अपने चिरपरिचित अंदाज़ में कहा 'ख़ुश रहो'!
  그는 자신의 낯익은 스타일로 말했다 '행복해라'!

- यह स्वर मुझे चिरपरिचित–सा लग रहा है।
  이 목소리는 나에게 낯익게 느껴진다.

(iii) चिरंजीवी [चिरम् + जीवी 살아있는] ⓐ 오래 사는, 장구한

- आप चिरंजीवी हों, आपको मेरा आशीर्वाद!
  당신께서 장수하시길, 내가 축복합니다!

- क्या तुम अपने आपको चिरंजीवी समझते हो!
  너는 자신이 장수할 거라고 생각하는가!

- विवेकानंद का यहाँ चिरंजीवी रहेगा!
  비베까난다의 이 장소는 장구할 것이다!

23과

पर

पर는 산스끄리뜨어의 पर '다른, 먼'에서 유래한 접두사로서 ①다음의, ②다른, ③지속적인 등의 의미를 나타낸다.

1. अगला 다음의

(i) पराह्ण [पर + अह्ण 하루] ⓐ 오후

- पराह्ण समय में हल्का नाश्ता करना चाहिए।
  오후에 간식을 해야 한다.

- मध्याह्ण के बाद का समय पराह्ण कहलाता है।
  정오 이후의 시간을 '오후'라고 부른다.

2. दुसरा 다른

(i) पराधीन [पर + अधीन 의지하는] ⓐ 종속된, 지배된, 의지하는

- सन् 1947 से पहले भारत पराधीन था।
  인도는 1947년 전에 종속국이었다.

- पराधीन मनुष्य सुखी नहीं हो सकता।
  종속된 사람은 행복할 수 없다.

• हमें इंद्रियों के भी पराधीन नहीं होना चाहिए।
우리는 감각에 지배되지 않아야 한다.

(ii) परायत्त [पर + आयत्त 겸손한, 말을 잘 듣는] ⓐ 종속된, 지배된

• परायत्त मत रहो!
종속되지 말아라!

• हम आपसी झगड़ों के कारण परायत्त हुए।
우리는 서로 간의 다툼으로 종속되었다.

• हमें किसी चीज़ के लिए परायत्त नहीं रहना चाहिए।
우리는 어떤 것에도 종속되어 있지 않아야 한다.

(iii) पराश्रय [पर + आश्रय 휴식처] ⓜ (다른 사람에게) 의지, 의존

• तुम हमेशा पराश्रय में रहते हो।
너는 늘 (남에게) 의존하여 산다.

• पराश्रय वाले व्यक्ति को सुख कहाँ से मिलेगा?
의존적인 사람이 어디에서 행복을 얻겠는가?

• पराश्रय में रहना अच्छा नहीं होता।
남에게 의존하며 사는 것은 좋지 않다.

(iv) परास्त [पर + अस्त 던져진] ⓐ 패배한, 정복된

• मैं तुमसे परास्त हो गया।
나는 너에게 패배했다.

• क्रिकेट में भारत को आस्ट्रेलिया ने परास्त कर दिया है।
크리켓에서 인도를 호주가 이겼다.

• हमारे वीर सैनिक शत्रु सेना को परास्त कर देंगे।
우리의 용감한 군인들이 적군을 물리칠 것이다.

3. निरंतर 지속적인

(i) परायण [पर + अयन 감] ⓐ 몰두한, 열중한

• वह अध्यापक बहुत कर्तव्य परायण है।
그 선생님은 아주 본분을 다하신다.

• वे हमेशा स्वाध्याय में परायण रहते थे।
그는 항상 공부에 몰두했었다.

• हमेशा युद्ध परायण रहना अच्छा नहीं है।
항상 싸움에 빠지는 것은 좋지 않다.

24과

पुनर्

पुनर्는 산스끄리뜨어의 पुनर् '다시'에서 유래한 접두사로서 '다시', '반복하여' 등의 의미를 나타낸다.

1. फिर, दोबारा 다시, 반복하여

(i) पुनर्जन्म [पुनर् + जन्म 탄생] ⓜ 환생

- हिन्दू लोग पुनर्जन्म में विश्वास करते हैं।
  힌두들은 환생을 믿는다.

- मोक्ष प्राप्त करने के बाद पुनर्जन्म नहीं होता।
  해탈을 얻은 후에 환생은 없다.

- क्या आप पुनर्जन्म को मानते हैं?
  당신은 환생을 믿습니까?

(ii) पुनर्विवाह [पुनर् + विवाह 결혼] ⓜ 재혼

- पत्नी की मृत्य के दो साल बाद उसने पुनर्विवाह कर लिया।
  아내가 사망한 후 2년 뒤에 그는 재혼을 했다.

- उन दिनों कोई विधवा पुनर्विवाह नहीं कर सकती थी।
  그 당시에 과부는 아무도 재혼을 할 수 없었다.

- क्या तलाक़ के बाद तुम पुनर्विवाह नहीं करोगी?
  이혼 후에 너는 재혼하지 않겠니?

(iii) पुनर्निर्माण [पुनर् + निर्माण 건설] ⓜ 재건, 재건축

- भूकंप के बाद पुनर्निर्माण का काम चल रहा है।
  지진 이후에 재건 작업이 진행 중이다.

- युद्ध के बाद कोरिया ने पूरा ध्यान अपने पुनर्निर्माण पर लगाया।
  전쟁 이후에 한국은 재건에 집중했다.

- फिर उस पुल का पुनर्निर्णाण कभी नहीं हुआ।
  그 후에 그 다리는 재건된 바 없다.

25과

प्राक्, प्राग्

प्राक्‌는 산스끄리뜨어의 प्राक् '앞에, 전에'에서 유래한 접두사로서 '이전에', '앞서' 등의 의미를 나타낸다. 유성음 앞에서는 प्राग्의 형태가 쓰인다.

1. पहले, सामने 이전에, 앞서

(i) प्रागैतिहासिक [प्राक् + ऐतिहासिक 역사의] ⓐ 선사시대의

- यह बात संभवतः प्रागैतिहासिक काल की है।
  이 이야기는 아마도 선사시대의 것일 것이다.

- प्रागैतिहासिक काल में भारतीय लोगों का जीवन सुखी रहा होगा।
  선사시대에 인도사람들의 삶은 행복했을 것이다.

- देखने में तो वह प्रागैतिहासिक भक्त लग रहा था।
  보기에는 그가 선사시대의 신자(信者)로 여겨졌었다.

(ii) प्राग्वैदिक [प्राक् + वैदिक 베다의] ⓐ 베다 이전의

- ऐसा प्राग्वैदिक काल में होता रहा होगा?
  베다 이전 시대에 이러했었을까?

- क्या प्राग्वैदिक काल भारत में कोई लिपि प्रचलित नहीं थी?
  베다 이전 시대에 인도에 어느 문자도 통용되지 않았습니까?

- भारतीयों का प्राग्वैदिक जीवन कैसा था?
  인도인들의 베다 이전 시대의 삶은 어땠습니까?

(iii) प्राग्वर्ती [प्राक् + वर्ती 위치한] ⓐ 앞에 위치한, 전에 존재한

- वह मुझसे प्राग्वर्ती कक्षा में था।
  그는 나보다 먼저 학년에 있었다.

- पाणिनि कालिदास से प्रागवर्ती थे।
  빠니니는 깔리다사보다 이전의 사람이었다.

- क्या तुम मुझसे प्राग्वर्ती थे?
  네가 나보다 앞에 있었던가?

26과

बहिर्

बहिर्는 산스끄리뜨어의 बहिर् '밖에'에서 유래한 접두사로서 '밖에', '외부로' 등의 의미를 나타낸다.

1. बाहर 밖에, 외부로

(i) बहिर्मुखी [बहिर् + मुखी 얼굴의] ⓐ 외향적

- तुम एक बहिर्मुखी व्यक्ति हो।
  너는 외향적인 사람이다.

- उस अध्यापक की प्रवृत्ति बहिर्मुखी थी।
  그 교사의 성향은 외향적이었다.

- बहिर्मुखी व्यक्ति के लिए पत्रकारिता करना सरल है।
  외향적인 사람은 언론업을 하는 것이 용이하다.

(ii) बहिष्कार [बहिर् + कार 행위] ⓜ 거부, 보이콧, 배제

- छात्रों ने नाराज़ होकर कक्षा का बहिष्कार किया।
  학생들이 화가 나서 수업을 거부했다.

- हम विदेशी सामान का बहिष्कार करेंगे।
  우리는 외국 상품을 보이콧할 것이다.

- तुमने तो हमारा बहिष्कार कर रखा है।
  너는 우리를 배제해 놓았다.

(iii) बहिर्गमन [बहिर् + गमन 감] ⓜ 외출, 퇴장

- रात को नौ बजे के बाद बहिर्गमन निषिद्ध है।
  밤 9시 이후 외출은 금지이다.

- मन को तो बहिर्गमन की आदत है।
  마음은 밖으로 나가는 버릇이 있다.

- अब बहिर्गमन छोड़ो और अंतर्गमन करो!
  지금 퇴장하지 말고 입장해라!

27과

सत्

सत्는 산스끄리뜨어의 सत् '참된'에서 유래한 접두사로서 '좋은', '참된' 등의 의미를 나타낸다. 유성음 앞에서는 सद्भाव '선의', सद्गुण '덕(德)'에서처럼 सद् 의 형태가 쓰이며, च्, ज् 앞에서는 सच्चित् '존재와 의식', सज्जन '신사' 에서처럼 सच्, सज् 의 형태가 쓰이는 등 뒤따르는 음에 따라 여러 형태가 쓰인다.

1. अच्छा 좋은, 선한, 참된

(i) सत्पुरुष [सत् + पुरुष 사람] ⓜ 참된 사람, 선인(善人), 귀인(貴人)

- गांधी जी सच्चे अर्थों में एक सत्पुरुष थे।
  간디는 진정한 의미에서 참된 사람이시다.

- सच्ची शिक्षा एक पुरुष को सत्पुरुष बनाती है।
  진정한 교육은 사람을 참된 사람으로 만든다.

- कौन सत्पुरुष है और कौन असत्पुरुष कैसे पता करें!
  누가 선인이고 누가 악인인지 어떻게 알아내는가!

(ii) सत्संगति [सत् + संगति 동행] ⓜ 좋은 사람과의 교제, 선인(善人)과의 어울림

- सत्संगति से मनुष्य का कल्याण होता है।
  좋은 이와 교제하는 것이 사람에게 이롭다.

• तुम अगर आचार्यों की सत्संगति में रहोगे तो जीवन में कुछ बन जाओगे?

네가 만일 교수님들과 어울리면 인생에서 무언가가 되겠는가?

• सत्संगति में बहुत शक्ति है।

좋은 사람과의 교제에는 큰 힘이 들어있다.

(iii) सत्कार [सत् + कार 행위] ⓜ 환대

• आपने हमारा यहाँ बहुत सत्कार किया।

당신은 여기에서 우리를 매우 환대했다.

• क्या आप गुरुजी के सत्कार में कुछ कहना चाहेंगे?

당신은 스승을 환대하여 무언가 말하길 원합니까?

• तुम दूसरों का सत्कार क्यों नहीं करते?

너는 다른 사람들을 왜 환대하지 않느냐?

28과

सम

समं는 산스끄리뜨어의 सम '같은'에서 유래한 접두사로서 '같은', '비슷한' 등의 의미를 나타낸다.

1. बराबर 같은, 동등한, 비슷한

(i) समकालीन [सम् + कालीन 시대의] ⓐ 동시대의, 당대의

- गांधी और हिटलर समकालीन नेता थे।
  간디와 히틀러는 동시대의 지도자들이었다.

- वह समकालीन भारतीय दर्शन का विद्वान है।
  그는 당대의 인도 철학자이다.

- ये तीन लेखक शायद समकालीन हैं।
  이 작가들 셋은 아마도 동시대의 사람들이다.

(ii) समभाव [सम् + भाव 심정] ⓜ 평정

- ज्ञानी व्यक्ति सुख और दुःख दोनों में समभाव में रहता है।
  현자는 기쁠 때나 슬플 때나 평정을 유지한다.

- समभाव की स्थिति प्राप्त करना बहुत कठिन है।
  평정한 상태를 얻는 것은 매우 어렵다.

- रामकृष्ण ठाकुर हमेशा एक समभाव में रहते थे।
  람끄리슈나 타꾸르는 항상 평정을 유지했다.

(iii) समतल [सम् + तल 표면] ⓜ 수평 ⓐ 수평의, 평평한

- वह भूमि समतल थी।
  그 땅은 평평했다.

- मैं समतल भूमि में बैठकर आसन कर रहा था।
  나는 평지에 앉아 요가 자세를 취하고 있었다.

- अब हम दोनों समतल पर हैं।
  지금 우리는 같은 수준에 있다.

29과

सह

सह는 산스끄리뜨어의 सह '함께'에서 유래한 접두사로서 형용사나 명사 앞에 붙어 '함께', '더불어', 등의 의미를 나타낸다.

1. साथ 함께

(i) सह–अस्तित्व [सह + अस्तित्व 존재] ⓜ 공존

• जीवन में सुख और दुःख का सह–अस्तित्व रहता है।
인생에 기쁨과 슬픔이 공존한다.

• भारत और पाकिस्तान को एक मित्रतापूर्ण सह–अस्तित्व में रहना चाहिए।
인도와 파키스탄은 우호적으로 공존해야 한다.

• पुरुष और स्त्री सदा से एक प्रकार के परस्पर पूरक सह–अस्तित्व में रहे हैं।
남자와 여자는 항상 일종의 상호 보완적인 공존 관계에 있다.

(ii) सहकर्मी [सह + कर्मी 행위자] ⓜ 동료

• श्रीमान भारतेन्दु विश्वविद्यालय में मेरे सहकर्मी हैं।
바르뗀두 씨는 대학에서 나의 동료이다.

- मेरे माता–पिता शादी से पहले एक कार्यालय में सहकर्मी थे।
  나의 어머니와 아버지는 결혼 전에 한 근무처에서 동료였다.

- मेरे सभी सहकर्मियों को मेरा सादर प्रणाम!
  나의 모든 동료들에게 정중히 인사드립니다!

(iii) सहगामी [सह + गामी 행인] ⓜ 일행, 동반자

- उसके पति, जीवनयात्रा में उसके मधुर सहगामी थे।
  그의 남편은 인생의 여정에서 다정한 동반자였다.

- ये लोग मेरे अध्यात्म मार्ग के सहगामी हैं।
  이 사람들은 나의 영적인 길의 동반자이다.

- क्या इस कठिन रास्ते में तुम मेरे सहगामी बनोगे?
  이 어려운 길에서 너는 나의 일행이 되어줄래?

(iv) सहमत [सह + मत 의견] ⓜ 동의

- मैं उनकी बातों से सहमत नहीं था।
  나는 그의 말들에 동의하지 않았다.

- भारत और कोरिया इस मुद्दे पर सहमत हैं।
  인도와 한국은 이 사안에 대해서 동의한다.

- क्या आप मुझसे सहमत हैं?
  당신은 나에게 동의하십니까?

(v) [सह + योग 결합] ⓜ 협력, 협조, 협동

- आपने यहाँ हमारा बहुत सहयोग किया।
  당신은 여기에서 우리에게 많이 협조했다.

- वह हमेशा अपने मित्रों का सहयोग करता है।
  그는 항상 자신의 친구들에게 협력한다.

- क्या मैं आपका कोई सहयोग कर सकता हूँ?
  내가 당신에게 어떻게 협조해 드릴까요?

30과

सु

सु는 산스끄리뜨어의 어근 षु '권력이나 힘을 갖다'에서 파생한 접두사로서 ①좋은, ②잘, 체계적으로, ③쉽게, ④길조의, 상서로운, ⑤적합하고 자격 있는 등의 의미를 나타낸다.

1. अच्छा 좋은

(i) सुपथ [सु + पथ 길] ⓜ 정도(正道), 도리, 올바른 길

- मेरा भाई सुपथ पर चल रहा है।
  나의 형제는 정도를 걷는다.

- गांधी जी ने हमें सुपथ की ओर चलना सिखाया।
  간디는 우리에게 정도를 따르도록 가르쳤다.

- तुम सुपथ से कुपथ की ओर चले गए।
  너는 정도에서 벗어나 사도(邪道)로 갔다.

(ii) सुजन [सु + जन 사람] ⓜ 선량한 자, 착한 사람, 친절한 사람

- दुर्जन सुजन से ईर्ष्या करता है।
  악인이 선인을 질투한다.

- हमेशा सुजनों से ही मित्रता कीजिए।
  항상 인자들과 어울리세요.

(iii) सुकर्म [सु + कर्म 행동] ⓜ 선행, 훌륭한 행위

- अध्यापन सुकर्म है।
  교육은 훌륭한 행위이다.

- पिताजी हमेशा सुकर्म में लगे रहे।
  아버지는 항상 선한 일을 행하셨다.

- ग़रीबों को दान देने से बढ़कर सुकर्म क्या होगा?
  가난한 이들에게 베푸는 것보다 나은 선행이 무엇이 있겠는가?

(iv) सुकुमार [सु + कुमार 미혼의, 총각] ⓐ 보드라운, 연한 ⓜ 부드럽고 준수한 아이, 준수한 청년

- वह सुकुमार बालक क्या युद्ध करेगा?
  그 예쁘장한 아이가 무슨 전쟁을 하겠는가?

- बाग़ीचे में सुकुमार पुष्प लगे हैं।
  정원에 어여쁜 꽃이 심어져 있다.

- तुम बहुत सुकुमार हो।
  너는 매우 준수한 청년이다.

(v) सुख्यात [सु + ख्यात 이름난] ⓐ 좋은 평판이 난, 명성이 알려진

- राम का नाम इतिहास में सुख्यात है।
  람의 이름은 역사에 유명하다.

- तुम एक दिन दुनिया में सुख्यात हो जाओगे।
  너는 언젠가 세상에 명성을 떨칠 것이다.

- वह सन्यासी अमेरिका में सुख्यात है।
  그 수행자는 미국에서 평판이 좋다.

2. अच्छी तरह से 잘, 체계적으로

(i) सुव्यवस्थित [सु + व्यवस्थित 조직적인] ⓐ 잘 조직된, 질서 정연한, 체계적인

- विवाह का कार्यक्रम सुव्यवस्थित रूप से संपन्न हो गया।
  결혼식 행사가 질서 정연하게 치러졌다.

- वह सुव्यवस्थित ढंग से पढ़ाई करता है।
  그는 체계적으로 학습한다.

- पिताजी अपनी बात को सुव्यवस्थित रूप से रखते थे।
  아버지는 말씀을 짜임새 있게 하신다.

(ii) सुनियोजित [सु + नियोजित 계획된] ⓐ 잘 계획된

- बुद्धिमान चोर सुनियोजित तरीक़े से चोरी करते हैं।
  영리한 도둑이 계획적으로 도둑질을 한다.

- उनकी सुनियोजित तरीक़े से हत्या की गई।
  그들이 계획적으로 암살되었다.

- यह सब एक सुनियोजित षड्यंत्र था।
  이 모든 것이 하나의 잘 계획된 음모였다.

(iii) सुचारु [सु + चारु 아름다운] ⓐ 매우 아름다운, 아주 매력적인, 멋진

- माँ सुचारु ढंग से काम करती हैं।
  엄마는 멋지게 일하신다.

- तुम कितना सुचारु ढंग से बोलते हो!
  너는 유려하게 말하는구나!

- थोड़ा सुचारु रूप से पढ़ो न!
  좀 멋있게 읽어봐라!

3. आसानी से **쉽게**

(i) सुसाध्य [सु + साध्य 실현 가능한] ⓐ 손쉬운, 쉽게 실현 가능한, 쉽게 이룰 수 있는

- यह कार्य मेरे लिए सुसाध्य नहीं है।
  이 일은 나에게 손쉽지 않다.

- तुम मेधावी हो, तुम्हारे लिए यह विषय सुसाध्य है।
  너는 똑똑하다, 너에게 이 주제는 쉽다.

- यह एक सुसाध्य लक्ष्य है।
  이것은 쉽게 실현 가능한 목표이다.

(ii) सुगम [सु + गम 감] ⓐ 쉬운, 용이한

- वीर लोग सुगम रास्तों में नहीं चलते!
  용감한 사람들은 쉬운 길들로 가지 않는다!

• एक दृष्टि से ध्यान सुगम कार्य है।
어떤 관점에서는 명상은 쉬운 일이다.

• पढ़ना कोई सुगम कार्य है क्या?
공부가 쉬운 일입니까?

(iii) सुकर [सु + कर (〈कृ 만들다)] ⓐ 용이한, 간단한, 간편한, 편리한

• यह सुकर कार्य है।
이것은 간단한 일이다.

• इतना चलना मेरे लिए सुकर नहीं है।
이만큼 걷는 것이 나에게 쉽지 않다.

• परीक्षा में सुकर प्रश्न थे।
시험에 간단한 문제들이 나왔다.

4. शुभ, मंगल 길조의, 상서로운

(i) सुदिन [सु + दिन 하루] ⓜ 좋은 날, 복된 날, 길일

• इसी सुदिन में हमारी शादी हुई थी।
바로 이 좋은 날에 우리가 결혼했었다.

• आज गुरु जी पधारे हैं, यह हमारा सुदिन है।
오늘 스승님께서 왕림하시니 우리에게 길일이다.

• हर दिन सुदिन है।
매일이 복된 날이다.

(ii) सुसमाचार [सु + समाचार 소식] ⓜ 좋은 소식, 복된 소식

- इस सुसमाचार ने सब को ख़ुश कर दिया।
  이 좋은 소식이 모두를 행복하게 했다.

- तुम अपने विवाह का सुसमाचार कब सुनाओगे?
  너는 네가 결혼한다는 기쁜 소식을 언제 들려줄래?

- पिताजी ठीक हो गए हैं, यह सुसमाचार सब को सुनाओ।
  아버지가 괜차하셨다, 이 좋은 소식을 모두에게 알려라.

(iii) सुमंगल [सु + मंगल 길조] ⓐ 길한, 경사스러운, 행운이 있는

- यह एक सुमंगल बेला है।
  지금은 길한 시간입니다.

- आप आए हैं, हमारा सुमंगल हुआ!
  당신이 오셨으니 우리의 경사입니다.

- ईश्वर करे, आप का सुमंगल हो!
  신이시여 당신이 행운이 있길!

5. उचित और अधिकारी 적합하고 자격 있는

(i) सुपात्र [सु + पात्र 그릇] ⓜ 적임자 ⓐ 적합한, 자격 있는, 적임의

- हमेशा सुपात्र को ही दान देना चाहिए।
  항상 받을 만한 사람에게만 기부해야 한다.

- मैं वेदांत अध्यायन के लिए सुपात्र नहीं हूँ।
  나는 베단따 공부를 하기에 적합하지 않다.

- योग्य कन्या सुपात्र के पास गई।
  유능한 처녀가 적임자에게 갔다.

(ii) सुयोग्य [सु + योग्य 적합한] ⓐ 유능한, 자격 있는

- मेरी बेटी को सुयोग्य पति मिल गया।
  내 딸이 유능한 남편을 만났다.

- नरेन्द्र एक सुयोग्य छात्र था।
  나렌드라는 유능한 학생이었다.

- उस विद्वान के लिए कोई सुयोग्य शिष्य यहाँ नहीं मिलेगा।
  그 학자는 유능한 제자를 여기에서 얻지 못할 것이다.

(iii) सुपुत्र [सु + पुत्र 아들] ⓜ 착하고 겸손하고 훌륭한 아들

- तुम्हें सुपुत्र की प्राप्ति हो!
  네가 좋은 아들을 얻길!

- एक सुपुत्र माता–पिता का नाम रोशन कर देता है।
  훌륭한 아들이 어머니 아버지의 이름을 빛낸다.

- गांधी जैसा सुपुत्र कौन होगा?
  간디와 같은 훌륭한 아들이 누가 있을까?

31과

स्वयं

स्वयं은 산스끄리뜨어의 स्वयम् '자신의'에서 유래한 접두사로서 '스스로', '저절로' 등의 의미를 나타낸다.

1. ख़ुद, अपने आप 스스로

(i) स्वयंसेवक [स्वयं + सेवक 봉사자] ⓜ 자원봉사자

- हमारी संस्था में एक हज़ार स्वयंसेवक हैं।
  우리 기관에 천 명의 자원봉사자가 있다.

- मैं मंदिर में स्वयंसेवक के रूप में काम करूँगा।
  나는 사원에서 자원봉사자로 일할 것이다.

- बहुत सारे पुराने छात्र स्वयंसेवक बनकर नए छात्रों की सहायता करते हैं।
  아주 많은 재학생들이 자원봉사자가 되어 신입생들을 돕는다.

(ii) स्वयंवर [स्वयं + वर 신랑] ⓜ 신랑 선발식(신부가 스스로 남편을 고르는 인도 고대 관습)

- सीता ने राम को स्वयंवर में चुना था।
  씨따는 람을 신랑 선발식에서 골랐다.

• प्राचीन भारत में स्वयंवर की प्रथा थी।
고대 인도에 신랑 선발식의 관습이 있었다.

• क्या तुम्हें स्वयंवर के माध्यम से पति चुनना अच्छा लगेगा?
너는 신랑 선발식으로 남편 고르는 것을 좋아하겠지?

(iii) स्वयंचालित [स्वयं + चलित 움직인] ⓐ 자동의

• आजकल स्वयंचालित सीढ़ियाँ प्रचलित हैं।
요즘 에스컬레이터가 상용된다.

• हमने वहाँ एक स्वयंचालित मेट्रो देखी।
우리는 거기에서 자율 주행 메트로를 보았다.

• स्वयंचालित मशीनों का प्रयोग बढ़ता ही जाएगा।
자동 기계의 사용은 계속해서 증가할 것이다.

연습문제 ③

[1–13] निम्नलिखित उपसर्गों का अर्थों से उचित मिलान कीजिए।

1. अंतर्	① 다음의, 다른
2 अधः	② 밖
3. कु	③ 아래
4. चिर	④ 함께
5. पर	⑤ 이전에
6. पुनर्	⑥ 다시
7. प्राक्	⑦ 장구한
8. बहिर्	⑧ 스스로
9. सत्	⑨ 참된
10. सम	⑩ 같은
11. सह	⑪ 안에
12. सु	⑫ 나쁜
13. स्वयं	⑬ 좋은, 잘, 쉽게, 길조의, 적합하고 자격 있는

[14–26] शब्दों के नीचे दिए गए मूल शब्द में जुड़े प्रत्यय के विकल्पों में से सही विकल्प चुनिए।

14. अंतर्देशीय

① अंतर् + देशीय ② अं + तर्देशीय

15. अधोपतन

① अ + धोपतन ② अधः + पतन

16. कुपात्र

① कुप् + आत्र ② कु + पात्र

17. चिरपरिचित

① चिर + परिचित ② चिरप + रिचित

18. पराह्ण

① परा + ह्ण ② पर + अह्ण

19. पुनर्जन्म

① पु + नर्जन्म ② पुनर् + जन्म

20. प्रागैतिहासिक

① प्र + अगैतिहासिक ② प्राग् + ऐतिहासिक

21. बहिर्मुखी

① ब + हिर्मुखी ② बहिर् + मुखी

22. सत्पुरुष

① स + त्पुरुष ② सत् + पुरुष

23. समकालीन

① सम + कालीन ② समक + आलीन

24. सहकर्मी

① स + हकर्मी ② सह + कर्मी

25. सुकुमार

① सु + कुमार ② सुकु + मार

26. स्वयंसेवक

① स्व + यंसेवक ② स्वयं + सेवक

[27–52] उन उपसर्गयुक्त शब्दों को चुनिए जो रेखांकित पदों के स्थान पर प्रयुक्त किए जा सकते हैं।

27. आजकल देश के भीतर होने वाली उड़ानें भी बंद हैं।

① अंतःकरण ② अंतर्देशीय ③ अंतर्मन ④ अंतरराष्ट्रीय

28. वह अपना मुख नीचे की ओर होकर प्रधानाचार्य की बात सुनता रहा।

① अधोमुख ② अधःपतन ③ अधोलिखित ④ अधःस्थल

29. आप तो मुझे हमेशा नालायक़ समझते हो।

① कुख्यात ② कुकृत्य ③ कुपुत्र ④ कुपात्र

30. आपकी स्मृति हमारे मन में बहुत दिनों तक बनी रहेगी।

① चिरपरिचित ② चिरस्थायी ③ चिरंजीवी ④ चिरकाल

31. दूसरे के अधीन मनुष्य सुखी नहीं हो सकता।

① परायत ② पराश्रम ③ पराधीन ④ परास्त

32. क्या तलाक़ के बाद तुम दूसरा ब्याह नहीं करोगी?

① पुनर्जन्म ② पुनर्निर्माण ③ पुनरुत्थान ④ पुनर्विवाह

33. यह बात संभवतः इतिहास में वर्णित काल के पूर्व की है।

① प्राग्वैदिक ② प्राक्कथन ③ प्रागैतिहासिक ④ प्राग्वर्ती

34. जो बाहर की ओर प्रवृत्त हो, उस व्यक्ति के लिए पत्रकारिता करना सरल है।

① बहिष्कार ② बहिर्मुखी ③ बहिर्गमन ④ बहिरंग

35. अच्छे आदमियों के साथ होने में बहुत शक्ति है।

① सत्संगति ② सत्पुरुष ③ सत्कर्म ④ सत्कार

36. ये तीन लेखक शायद एक समय में रहने वाले हैं।

① समतल ② समभाव ③ समकालीन ④ समकोण

37. मेरे माता-पिता शादी से पहले एक कार्यालय में साथ काम करने वाले थे।

① सहगामी ② सहकर्मी ③ सहमत ④ सहयोग

38. तुम कितना मनोहर ढंग से बोलते हो।

① सुचारु ② सुजन ③ सुकर्म ④ सुमंगल

39. मैं मंदिर में स्वेच्छा से काम करने वाले के रूप में काम करूँगा।

① स्वयंसेवक ② स्वयंवर ③ स्वयंचालित ④ स्वयंपाठी

40. क्या तुम अपने मन की भीतरी चेतना से बोल रहे हो?

① अंतर्मुखी ② अंतर्जातीय ③ अंतःपुर ④ अंतर्मन

41. निम्नलिखित श्लोक का अर्थ लिखिए।

① अधःपतन ② अधोमुख ③ अधोगति ④ अधोलिखित

42. सेना ने चार बदनाम आतंकवादियों को पकड़ लिया।

① कुरूप ② कुख्यात ③ कुमति ④ कुयोग

43. आप बहुत दिन जीवित हों, आपको मेरा आशीर्वाद।

① चिरस्थायी ② चिरंजीवी ③ चिरायु ④ चिरकुमार

44. वे हमेशा स्वाध्याय में अति आसक्त रहते थे।

① पराह्न ② पराधीन ③ परायण ④ परास्त

45. भूकंप के बाद दुबारा निर्माण का काम चल रहा है।

① पुनर्कथन ② पुनर्निर्माण ③ पुनर्विवाह ④ पुनर्जागरण

46. भारतीयों के वैदिक काल के पूर्व का जीवन कैसा था?

① प्राग्वैदिक ② प्रागैतिहासिक ③ प्राक्कथन ④ प्राग्वर्ती

47. रात को नौ बजे के बाद बाहर जाना निषिद्ध है।

① बहिर्मुखी ② बहिष्कार ③ बहिर्गमन ④ बहिरंग

48. आपने हमारा यहाँ बहुत आतिथ्य किया।

① सदाचार ② सज्जन ③ सद्भावना ④ सत्कार

49. सभी को समान समझने की वृत्ति की स्थिति प्राप्त करना बहुत कठिन है।

① समकालिक ② समभाव ③ समकोण ④ समतल

50. आपने यहाँ हमारी सहायता की।

① सहयोग ② सहपाठी ③ सहचर ④ सहकर्मी

51. वीर लोग आसान रास्तों में नहीं चलते।

① सुख्यात ② सुनियोजित ③ सुपुत्र ④ सुगम

52. आजकल ख़ुद चालित सीढ़ियाँ प्रचलित हैं।

① स्वयंसेवक ② स्वयंवर ③ स्वयंपाठी ④ स्वयंचालित

[53–65] निम्नलिखित शब्दों से मूलशब्द और उपसर्ग अलग कीजिए।

53. अंतर्मन ______________ ______________

54. अधोमुख ______________ ______________

55. कुकृत्य ______________ ______________

56. चिरपरिचित ______________ ______________

57. पराश्रय ______________ ______________

58. पुनर्विवाह ______________ ______________

59. प्राग्वर्ती ______________ ______________

60. बहिर्गमन ______________ ______________

61. सत्कार ______________ ______________

62. समतल ______________ ______________

63. सहमत ______________ ______________

64. सुदिन ______________ ______________

65. स्वयंवर ______________ ______________

정답

[1–13]

1 ⑪
2 ③
3 ⑫
4 ⑦
5 ①
6 ⑥
7 ⑤
8 ②
9 ⑨
10 ⑩
11 ④
12 ⑬
13 ⑧

[14–26]

14 ①
15 ②
16 ②
17 ①
18 ②
19 ②
20 ②
21 ②
22 ②
23 ①
24 ②
25 ①
26 ②

[27–52]

27 ②
28 ①
29 ④
30 ②
31 ③
32 ④
33 ③
34 ②
35 ①
36 ③
37 ②
38 ①
39 ①
40 ④
41 ④
42 ②
43 ②
44 ③
45 ②
46 ①
47 ③
48 ④
49 ②
50 ①
51 ④
52 ④

[53–65]

53 अंतर् / मन
54 अधः / मुख
55 कु / कृत्य
56 चिर / परिचित
57 पर / आश्रय
58 पुनर् / विवाह
59 प्राग् / वर्ती
60 बहिर् / गमन
61 सत् / कार
62 सम / तल
63 सह / मत
64 सु / दिन
65 स्वयं / वर

3부

따드바브와 고유힌디어 접두사

32과

अध

अध는 산스끄리뜨어의 अर्ध '반, 절반'에서 유래한 접두사로서 '절반의', '미완의' 등의 의미를 나타낸다.

1. आधा, अपूर्ण 절반의, 미완성의

(i) अधकचरा [अध + कचरना 으깨다] ⓐ 제대로 으깨지 않은, (지식이나 능력이) 미숙한

- तुम्हारा काम हमेशा अधकचरा होता है।
  네가 하는 일은 늘 미숙하다.

- अधकचरा ज्ञान हानि करता है।
  미숙한 지식은 해가 된다.

- मेरी पढ़ाई अधकचरी थी।
  나의 학업은 마무리되지 않았다.

(ii) अधखिला [अध + खिला 개화된] ⓐ 반쯤 열린, 반개한, 반쯤 핀

- आपने दरवाज़ा अधखिला छोड़ दिया।
  당신은 문을 반쯤 열어두었다.

- यह अधखिला फूल है, इसे मत तोड़ो।
  이것은 반개한 꽃이다, 이것을 꺾지 마라.

- अधखिली उम्र में ही उसकी शादी कर दी गई थी।
  미성숙한 나이에 그가 결혼을 하게 되었다.

(iii) अधपका [अध + पका 익은] ⓐ 덜 익은, 설익은

- वह जल्दबाज़ी में अधपका खाना ही खा गया।
  그는 성급히 덜 익은 음식을 먹어버렸다.

- ग़रीब बच्चे अधपकी उम्र में ही कठिन काम करने लग जाते हैं।
  가난한 아이들은 미성숙한 나이에 힘든 일을 하기 시작한다.

- पेड़ पर अधपके फूल लटक रहे थे।
  나무에 덜 익은 과일이 달려 있었다.

(iv) अधमरा [अध + मरा 죽은] ⓐ 반죽음이 된, 거의 죽은

- यह लड़का हमें सड़क पर अधमरा मिला था।
  우리에게 그 소년이 반죽음이 된 채로 발견되었다.

- डाकुओं ने उसे पीट–पीट कर अधमरा कर दिया।
  강도들이 그를 때려서 반죽음이 되게 했다.

- आलस्य से भरा जीवन अधमरा जीवन है।
  게으름으로 가득 찬 인생은 거의 죽은 삶이다.

(v) अधजला [अध + जला 탄] ⓐ 반쯤 탄, 반쯤 덴

- अरे, यह अधजली रोटी क्यों खा रहे हो?
  오, 이 반쯤 탄 빵을 왜 먹고 있니?

• दुर्घटना स्थल पर कुछ अधजले शरीर पड़े हुए थे।
사고 현장에 반쯤 탄 몸들이 놓여 있었다.

• वह उस अधजले हाथ को लेकर अस्पताल की ओर भागा।
그는 손이 반쯤 탄 채로 병원 쪽으로 달려갔다.

33과

अन

अन은 산스끄리뜨어의 अन् '아닌'에서 유래한 접두사로서 '아닌', '없는', '반대의' 등의 의미를 나타낸다.

1. रहित, विरोधी 없는, 반대의, 아닌

(i) अन–पढ़ [अन + पढ़ना 배우다] ⓐ 무식한, 문맹의

- उसके माता–पिता अनपढ़ थे।
  그의 부모님은 문맹이셨다.

- तुम मुझे अनपढ़ दिखाई हो रहे हो।
  내게 너는 무식해 보인다.

- कभी कभी अनपढ़ लोग तक बहुत पैसा कमाते हैं।
  때때로 문맹인 사람들조차 많은 돈을 번다.

(ii) अनदेखा [अन + देखना 보다] ⓐ 본 적 없는, 모르는

- वहाँ दो अनदेखे लड़के भी खड़े थे।
  거기에 두 명의 모르는 소년들도 서 있었다.

- यह सब मेरे लिए अनदेखा था।
  이 모든 것이 나로서는 모르는 것이었다.

- उसकी शादी अनदेखी कन्या से कर दी गई।
  그는 한 번도 본 적 없는 처녀와 혼인했다.

(iii) अनमोल [अन + मोल 가치] ⓐ 값진, 귀중한

- आपकी अनमोल वाणी को सुनकर सब प्रसन्न हुए।
  당신의 귀한 소리를 듣고 모두 기뻤다.

- विद्या अनमोल धन है।
  지식은 값진 재산이다.

- तुम मेरे लिए अनमोल हो।
  너는 나에게 소중하다.

(iv) अनहोना [अन + होना 되다] ⓐ 불가능한, 있을 수 없는

- यह एक अनहोनी घटना थी।
  이것은 불가능한 사건이었다.

- वह एक अनहोनी प्रतिभा का धनी है।
  그는 불가능한 재능의 소유자이다.

- तुम्हारी बात सचमुच अनहोनी है।
  너의 말은 정말로 불가능하다.

(v) अनजान [अन + जानना 알다] ⓐ 모르는, 면식이 없는, 낯선

- मैं इस बात से अनजान था।
  나는 이 이 이야기가 낯설었다.

- तुम क्यों अनजान बन रहे हो?
  너는 왜 모르는 체하니?

- वह लड़की मेरे लिए अनजान थी।
  나는 그 소녀와 면식이 없었다.

(vi) अनसुना [अन + सुनना 듣다] ⓐ 듣지 못한

- यह बात तुम्हारे लिए शायद अनसुनी है।
  이 말은 너로서는 아마도 들어보지 못한 것이다.

- उसने मेरी बात को अनसुना कर दिया।
  그는 나의 말을 못 들은 체했다.

- भैया हमेशा कोई अनसुनी ख़बर लेकर आते हैं।
  형은 항상 어느 들어보지도 못한 소식을 가지고 온다.

34과

उन

उन은 산스끄리뜨어의 ऊन '부족한'에서 유래한 접두사로서 '하나 모자라는'의 의미를 나타낸다.

1. से एक कम 보다 하나 적은

(i) उनतीस [उन + तीस 30] ⓐ 29의 ⓜ 29

- अट्ठाइस और तीस के बीच की संख्या उनतीस है।
  28과 30의 사이의 숫자가 29이다.

- उनतीस दिनों वाला महीना कौन–सा होता है?
  29일이 있는 달은 어느 달입니까?

- मेरी कक्षा में उनतीस छात्र हैं।
  나의 반에 29명의 학생들이 있다.

(ii) उनचास [उन + पचास 50] ⓐ 49의 ⓜ 49

- अड़तालीस और पचास के बीच की संख्या उनचास होती है।
  48과 50의 사이의 숫자가 49이다.

- वह उनचास रन बनाकर आउट हो गया।
  그는 49런(크리켓 점수)을 만들어서 아웃됐다.

- हमारे संयुक्त परिवार में उनचास लोग एक साथ रहते हैं।
  우리 대가족에 49명이 함께 산다.

(iii) उनसठ [उन + साठ 60] ⓐ 59의 ⓜ 59

- अट्ठावन और साठ के बीच की संख्या उनसठ होती है।
  58과 60의 중간의 숫자는 59이다.

- इस महाविद्यालय में उनसठ अध्यापक हैं।
  우리 대학에 59명의 교사들이 있다.

- सचिन उनसठ रन पर खेल रहे हैं।
  사찐은 59런(크리켓 점수)을 올리고 있다.

(iv) उन्नीस [उन + बीस 20] ⓐ 19의 ⓜ 19

- अठारह और बीस के बीच की संख्या उन्नीस है।
  18과 20의 사이의 숫자가 19이다.

- मेरे कार्यालय में उन्नीस कर्मचारी काम करते हैं।
  나의 사무실에 19명의 사무원들이 일을 한다.

- वह उन्नीस बच्चों का पिता है।
  그는 19명의 아이들의 아버지이다.

35과

नि

निं는 산스끄리뜨어의 निः '없는'에서 유래한 접두사로서 '없는'의 의미를 나타낸다. निं는 산스끄리어의 접두사이지만 여기에서 별도로 구분하는 이유는 함께 결합되는 단어들이 따뜨삼이 아닌 따드바브이기 때문이다.

1. बिना, रहित 없는

(i) निडर [नि + डर 두려움] ⓐ 겁 없는, 담대한

- हमारे दादाजी एक निडर सैनिक थे।
  우리 할아버지는 대범한 군인이셨다.

- तुम निडर होकर बोलो!
  너는 담대하게 말해라!

- हमें सदा निडर होकर अपना काम करना चाहिए।
  우리는 항상 담대하게 자신의 일을 해야 한다.

(ii) निकम्मा [नि + कम्मा 행위] ⓐ 직업이나 하는 일이 없는, 무용한, 쓸모없는

- वह निकम्मा है, दिन भर सोता रहता है।
  그는 하는 일이 없다, 종일 계속 잠잔다.

- निकम्मा व्यक्ति जीवन में कभी सफल नहीं हो सकता।
  하는 일이 없는 사람은 인생에서 결코 성공할 수 없다.

- यह निकम्मा लड़का कहाँ गया?
  이 쓸모없는 아이가 어디에 갔나?

(iii) निहत्था [नि + हत्था 손] ⓐ 비무장의, 빈손의

- वह निहत्था ही लड़का रहा।
  그는 빈손의 소년이었다.

- निहत्था आदमी कब तक लड़ेगा।
  무장하지 않은 이가 언제까지 싸우겠는가?

- तू निहत्था ही चला आया?
  너는 빈손으로 떠나왔니?

36과

बिन

बिन은 산스끄리뜨어의 विना '없이'에서 유래한 접두사로서 '없이'의 의미를 나타낸다.

1. बिना, बगैर 없이

(i) बिनजाने [बिन + जाने 아는] ⓐⓓ 알지도 못하면서, 모르면서

- बिनजाने कोई बात नहीं बोलनी चाहिए।
  모르면서 어떤 말을 하면 안 된다.

- क्या तुमने बिनजाने उसे इतने पैसे दे दिए?
  너는 알지도 못하면서 그에게 이만큼의 돈을 주었니?

- आप बिनजाने किसी पर भी विश्वास कर लेते हैं।
  당신은 알지도 못하면서 아무나 믿어버립니다.

(ii) बिनदेखा [बिन + देखा 본] ⓐ 이전에 못 본, 처음 보는

- वह लड़का हमारा बिनदेखा था।
  그 소년은 우리가 처음 보는 아이였다.

- बिनदेखा रास्ता तय करना कठिन काम है।
  처음 보는 길을 결정하는 것은 어려운 일이다.

(iii) बिनब्याहा [बिन + ब्याहा 결혼한] ⓐ 미혼의

- बिनब्याहे आदमी को तो कई बार लोग मकान किराये पर नहीं देते।
  미혼인 사람에게는 많은 경우 사람들이 집을 세주지 않는다.

- वह बिनब्याहे के ही साथ रह रहा है।
  그는 미혼자와 살고 있다.

- क्या बिनब्याहा आदमी ख़ुश रह सकता है?
  미혼인 사람이 행복하게 살 수 있는가?

37과

भर

भर는 힌디어의 동사 भरना '차다, 채우다'에서 유래한 접두사로서 '전부의', '모든' 등의 의미를 나타낸다.

1. पूरा 전부의, 모든

(i) भरपेट [भर + पेट 배] ⓐⓓ 배부른, 실컷

- आज बहुत दिन बाद मुझे भरपेट खाना मिला।
  오늘 오랜만에 나는 배불리 먹었다.

- वहाँ हमने भरपेट दाल-चावल खाए।
  거기에서 그는 배불리 콩죽과 밥을 먹었다.

- उसे भरपेट खाना भी नसीब नहीं था।
  그는 배불리 먹는 것도 운이 닿지 않았다.

(ii) भरपूर [भर + पूर 가득한] ⓐ 가득한, 완전한 ⓐⓓ 가득히, 완전히

- हमने आप पर भरपूर विश्वास किया।
  우리는 당신을 완전히 신뢰했다.

- बच्चों ने पिकनिक का भरपूर आनंद लिया।
  아이들이 소풍을 충분히 즐겼다.

- यहाँ तुम भरपूर खेलो।
  여기에 너는 마음껏 놀아라.

(iii) भरसक [भर + सक 힘] ⓐⓓ 가능한 한, 힘껏, 한껏

- भरसक हो सके तो आइए।
  가능한 한 될 수 있으면 오세요.

- मैं भरसक अध्यापक बनूँगा।
  나는 가능한 한 선생님이 될 것이다.

- वह भरसक सोया।
  그는 한껏 잤다.

연습문제 ④

[1–6] निम्नलिखित उपसर्गों का अर्थों से उचित मिलान कीजिए।

1. अध	① 없이
2. अन	② 보다 하나 적은
3. उन	③ 전부의, 모든
4. नि	④ 없는, 반대의, 아닌
5. बिन	⑤ 절반의
6. भर	⑥ 없는

[7–12] शब्दों के नीचे दिए गए मूल शब्द में जुड़े प्रत्यय के विकल्पों में से सही विकल्प चुनिए।

7. अधपका

① अ + धपका　　② अध + पका

8. अनपढ़

① अ + नपढ़　　② अन + पढ़

9. उनतीस

① उ + नतीस ② उन + तीस

10. निडर

① निड् + अर ② नि + डर

11. बिनजाने

① बिन + जाने ② बिनज् + आने

12. भरपेट

① भर + पेट ② भ + रेपट

[13–24] उन उपसर्गयुक्त शब्दों को चुनिए जो रेखांकित पदों के स्थान पर प्रयुक्त किए जा सकते हैं।

13. <u>अधूरा</u> ज्ञान हानि करता है।

① अधकहा ② अधजला ③ अधकचरा ④ अधमरा

14. उसकी शादी उस कन्या से कर दी गई, <u>जिसे कभी देखा न गया</u> हो।

① अनदेखा ② अनपढ़ ③ अनमोल ④ अनहोना

15. मेरे कार्यालय में <u>बीस से एक कम लोग</u> हैं

① उन्नीस ② उनतीस ③ उनतालीस ④ उनचास

16. तुम निर्भीक होकर बोलो।

① निकम्मा ② निहत्था ③ निडर ④ निआर्थी

17. आप न जानते हुए भी किसी पर भी विश्वास कर लेते हैं।

① बिनदेखा ② बिनजाने ③ बिनब्याहा ④ बिनखाए

18. हमने आप पर पूरी तरह से विश्वास किया।

① भरपेट ② भरमार ③ भरसक ④ भरपूर

19. यह आधा खिला हुआ फूल है, उसे मत तोड़ो।

① अधजला ② अधकचरा ③ अधखिला ④ अधपका

20. विद्या मूल्यवान धन है।

① अनमोल ② अनजान ③ अनबोल ④ अनबन

21. मेरी कक्षा में तीस से एक कम छात्र हैं।

① उन्नीस ② उनतीस ③ उनसठ ④ उनहत्तर

22. वह अयोग्य है, दिन–भर सोता रहता है।

① निडर ② निहत्था ③ निकास ④ निकम्मा

23. अविवाहित आदमी को तो कई बार लोग मकान किराये पर नहीं देते।

① बिनखाए ② बिनमाँगे ③ बिनब्याहा ④ बिनजाने

24. वह जितना हो सके सोया।

① भरसक ② भरमार ③ भरपेट ④ भरपूर

[25–30] निम्नलिखित शब्दों से मूलशब्द और उपसर्ग अलग कीजिए।

25. अधमरा ____________________ ____________________

26. अनजान ____________________ ____________________

27. उनचास ____________________ ____________________

28. निहत्था ____________________ ____________________

29. बिनदेखा ____________________ ____________________

30. भरपूर ____________________ ____________________

정답

[1–6]

1 ⑤
2 ④
3 ②
4 ⑥
5 ①
6 ③

[7–12]

7 ②
8 ②
9 ②
10 ②
11 ①
12 ①

[13–24]

13 ③
14 ①
15 ①
16 ③
17 ②
18 ④
19 ③
20 ①
21 ②
22 ④
23 ③
24 ①

[25–30]

25 अध / मरा
26 अन / जान
27 उन / पचास
28 नि / हत्था
29 बिन / देखा
30 भर / पूर

4부

아가뜨 접두사

38과 कम

39과 ख़ुश

40과 ग़ैर

41과 ना

42과 बद

43과 बा

44과 बे

45과 ला

46과 सर

47과 हम

48과 हर

연습문제 ⑤

38과

कम

कम은 페르시아어 어원의 접두사로서 '무게, 양, 정도 등이 생각보다 적은'의 의미를 나타낸다.

1. अल्प, थोड़ा, न्यून 적은

(i) कमज़ोर [कम + ज़ोर 힘] ⓐ 약한

• मेरी माँ का दिल बहुत कमज़ोर है।
나의 엄마는 마음이 매우 약하시다.

• हमारी सेना शायद कमज़ोर थी।
우리의 군대가 아마도 약했다.

• आप हमें कमज़ोर समझने की भूल न करें।
당신은 우리를 약하게 여기는 실수를 하지 마시오.

(ii) कमनसीब [कम + नसीब 운명] ⓐ 불행의, 불운한

• दुर्घटना में और सब बच गए, लेकिल हमारा दोस्त शायद कमनसीब था, मर गया।
사고에서 다른 모두가 살아남았지만 우리 친구는 아마도 운이 없었는지 죽었다.

(iii) कमअक़्ल [कम + अक़्ल 지혜] ⓐ 어리석은, 멍청한

- आप हमें कमअक़्ल मानकर चल रहे हैं।
  당신은 우리를 우둔하다고 여기고 움직이고 있다.

- उस कमअक़्ल लड़के को कौन समझाएगा?
  그 멍청한 소년을 누가 이해시키겠는가?

(vi) कमबख़्त [कम + बख़्त 운세] ⓐ 불운한, 불행한, 녹록한

- उस कमबख़्त इनसान को कौन संभालेगा?
  그 불운한 사람을 누가 보살필 것인가?

- प्यार भी कमबख़्त क्या चीज़ है?
  사랑도 불운한 그 무엇인가?

- तुम सब कमबख़्त अब बहुत समझदार हो गए हो!
  너희 모두 녹록한 자들이 지금 매우 지혜롭게 되었구나!

39과

ख़ुश

ख़ुश는 페르시아어 어원의 접두사로서 '만족한', '좋은' 등의 의미를 나타낸다.

1. अच्छा 좋은

(i) ख़ुशकिस्मत [ख़ुश + क़िस्मत 운명] ⓐ 행운의

- तुम ख़ुशक़िस्मत हो जो तुम्हें इतनी अच्छी पत्नी मिली।
  너는 이리도 좋은 아내를 얻었으니 운이 좋다.

- हम ख़ुशक़िस्मत थे कि हमारे सभी अध्यापक योग्य थे।
  우리의 모든 스승들이 유능하시니 우리는 운이 좋았다.

- मेरी बेटी ख़ुशक़िस्मत निकली।
  나의 딸이 운이 좋았다.

(ii) ख़ुशबू [ख़ुश + बू 냄새] ⓕ 향기

- इस तेल की ख़ुशबू बहुत अच्छी है।
  이 기름의 향기가 매우 좋다.

- यह इत्र की ख़ुशबू कहाँ से आ रही है?
  이 향수의 향기가 어디에서 오는 걸까?

• फूल की ख़ुशबू किसे अच्छी नहीं लगेगी?
꽃향기가 누구에게 좋지 않게 여겨지겠는가?

(iii) ख़ुशख़बरी [ख़ुश + ख़बर 소식 + ई 명사화접사] ⓕ 희소식

• मैं यह ख़ुशख़बरी पिताजी को सुनाऊँगा।
나는 이 희소식을 아버지에게 들려드릴 것이다.

• इस ख़ुशख़बरी को सुनकर वह रोने लगा।
이 희소식을 듣고 그는 울기 시작했다.

• आपके लिए मेरे पास एक ख़ुशख़बरी है।
당신을 위한 희소식이 내게 있어요.

40과

ग़ैर

ग़ैर는 아랍어 어원의 접두사로서 '다른', '없는' 등의 의미를 나타낸다.

1. दुसरा, बिना 다른, 없는

(i) ग़ैर-क़ानूनी [ग़ैर + क़ानूनी 법률의] ⓐ 불법의

- यह ग़ैर-क़ानूनी काम था।
  이것은 불법적인 일이었다.

- 18 साल से कम उम्र की लड़की से शादी करना ग़ैर-क़ानूनी है।
  18살 아래의 여성과 결혼하는 것은 불법이다.

- वह ग़ैर-क़ानूनी ढंग से कोरिया में रह रहा था।
  그는 한국에 불법 체류했었다.

(ii) ग़ैर-ज़रूरी [ग़ैर + ज़रूरी 필수적인] ⓐ 불필요한

- तुम्हारा बार-बार बोलना ग़ैर-ज़रूरी है।
  네가 자꾸 말하는 것은 불필요하다.

- आप हमेशा ग़ैर-ज़रूरी कामों में क्यों लगे रहते हैं?
  당신은 항상 쓸데없는 일들에 왜 몰두합니까?

- ग़ैर–ज़रूरी कपड़ों को हटा दो।
  불필요한 옷들은 버려요.

(iii) ग़ैर–हाज़िर [ग़ैर + हाज़िर 참석한] ⓐ 불참한, 결석한

- आज कक्षा में बहुत अधिक छात्र ग़ैर–हाज़िर थे।
  오늘 수업에 많은 학생들이 결석했다.

- वह आज भी अदालत में ग़ैर–हाज़िर रहेगा।
  그는 오늘도 법원에 결석할 것이다.

- आज विद्यालय में पाँच अध्यापक ग़ैर–हाज़िर हैं।
  오늘 학교에 선생님 다섯 분이 불참하셨다.

41과

ना

ना는 페르시아어 어원의 접두사로서 '없는', '아닌' 등의 의미를 나타낸다.

1. नहीं, अ, अन् 없는, 아닌, 부정의

(i) नापसंद [ना + पसंद 좋음] ⓐ 싫어하는

- मुझे वह लड़की नापसंद है।
  나는 그 소녀가 싫다.

- तुम्हारा उसके साथ रहना मुझे नापसंद है।
  나는 네가 그와 함께 지내는 것이 싫다.

- साधु किसी को नापसंद नहीं करता।
  성자는 누군가를 싫어하지 않는다.

(ii) नालायक़ [ना + लायक़ 자격 있는] ⓐ 자격 없는, 무능한, 가치 없는

- मेरे पिता मुझे हमेशा नालायक़ समझते रहे।
  나의 아버지는 항상 나를 무능하다고 여기셨다.

- वह जीवन में बहुत नालायक़ निकला।
  그는 인생에서 매우 무능하다고 밝혀졌다.

- तुम उस नालायक़ आदमी के साथ क्यों घूमती हो?
  너는 그 무능한 사람과 왜 어울리는가?

(iii) नामुमकिन [ना + मुमकिन 가능한] ⓐ 불가능한

- पत्थर से तेल निकलना नामुमकिन है।
  돌에서 기름이 나오는 것은 불가능하다.

- उसने ज़िंदगी में बड़े–बड़े नामुमकिन काम किए हैं।
  그는 삶에서 대단한 불가능한 것들을 이뤘다.

- मैं नामुमकिन को मुमकिन नहीं कर सकता!
  나는 불가능한 것을 가능하게 할 수 없다!

42과

बद

bद는 페르시아어 어원의 접두사로서 '나쁜', '부정한' 등의 의미를 나타낸다.

1. ख़राब, बुरा 나쁜

(i) बदक़िस्मती [बद + क़िस्मत 운명 + ई 명사화접사] ⓕ 불운

- बदक़िस्मती से हम क्रिकेट मेच हार गए।
  우리는 불행하게도 크리켓 경기에서 져버렸다.

- उसकी बदक़िस्मती थी, वह बच नहीं पाया।
  그는 불행하게도 도저히 살아남을 수 없었다.

- इस साल किसानों की बदक़िस्मती से बारिश बहुत कम हुई।
  올해 농부들이 불행하게도 비가 적게 왔다.

(ii) बदसूरत [बद + सूरत 용모] ⓐ 못생긴

- वह एक बहुत बदसूरत आदमी था।
  그는 매우 못생긴 사람이었다.

- तुम क्या मुझे बदसूरत समझते हो?
  너는 나를 못생겼다고 생각하니?

- मेरे विचार में कोई आदमी बदसूरत नहीं होता।
  내 생각에 어떤 사람도 못생기지 않다.

(iii) बदतमीज़ [बद + तमीज़ 예의] ⓐ 무례한, 버릇없는

- वह बदतमीज़ लड़का था।
  그는 버릇없는 소년이었다.

- बदतमीज़ आदमी को कौन पसंद करेगा?
  무례한 사람을 누가 좋아하겠습니까?

- तुम उस बदतमीज़ लड़के से क्यों बात करते हो?
  너는 버릇없는 그 아이와 왜 이야기를 하니?

43과

बा

—

बा는 페르시아어 어원의 접두사로서 '함께', '같이' 등의 의미를 나타낸다.

—

1. युक्त, सहित 포함하여, 함께

(i) बा–ईमान [बा + ईमान 정직] ⓐ 정직한, 성실한

- गांधी जी एक बा–ईमान व्यक्ति थे।
  간디는 정직한 인물이었다.

- बा–ईमान आदमी का हर कोई सम्मान करेगा।
  정직한 사람을 모두가 존경할 것이다.

- जीवन में हमें हमेशा बा–ईमान बने रहना चाहिए।
  인생에서 우리는 항상 정직해야만 한다.

(ii) बाइज़्ज़त [बा + इज़्ज़त 존경, 명예, 위신] ⓐ 위신 있는, 명예로운, 존경과 함께, 위신과 함께

- वह जेल से बाइज़्ज़त रिहा कर दिया गया।
  그는 감옥에서 당당하게 석방되었다.

- हम आपको बाइज़्ज़त बुलाने आए हैं।
  우리는 당신을 모시러 왔다.

• मुझे बाइज़्ज़त सुनने के लिए बहुत–बहुत धन्यवाद।
나를 경청하여 주셔서 대단히 감사합니다.

(iii) बाक़ायदा [बा + क़ायदा 규칙] ⓐ 규칙적인, 규칙적으로

• वह बाक़ायदा मुझसे पढ़ता रहा।
그는 규칙적으로 나와 함께 공부했다.

• हमने बाक़ायदा गुरु को प्रणाम किया।
우리는 규칙적으로 스승에게 인사했다.

• तुम बाक़ायदा मेरे पास आओ।
너는 규칙적으로 나에게 와라.

44과
बे

बे는 페르시아어 어원의 접두사로서 '없는', '결여된' 등의 의미를 나타낸다.

1. बिना 없는

(i) बेअक़्ल [बे + अक़्ल 지혜] ⓐ 어리석은, 우둔한

- मैं उसे एक बेअक़्ल इनसान समझता हूँ।
  나는 그를 어리석은 사람이라고 생각한다.

- बेअक़्ल लोग ही ख़ुद को ज़्यादा समझदार मानते हैं।
  우둔한 사람들은 스스로를 매우 영리하다고 여긴다.

- उस बेअक़्ल आदमी से ज़्यादा उम्मीद न रखो।
  그 어리석은 사람에게 많이 기대하지 마세요.

(ii) बेचारा [बे + चारा 방안] ⓐ 불쌍한, 가엾은

- वह बेचारा फेल हो गया।
  그 가여운 얘가 낙제해버렸다.

- फिर वह बेचारा अपने घर कभी नहीं जा पाया।
  그 가여운 사람이 다시는 자기 집으로 결코 돌아갈 수 없었다.

- तुम मुझे बेचारा न समझो!
  너는 나를 불쌍하다고 여기지 마라!

(iii) बेक़सूर [बे + क़सूर 죄] ⓐ 무고한, 결백한

- वह बेक़सूर आदमी था।
  그는 무고한 사람이었다.

- उस बेक़सूर आदमी को जेल में डाल दिया गया।
  그 무고한 사람이 수감되었다.

- मैं बेक़सूर हूँ कृपया मुझे छोड़ दें।
  나는 결백해요. 제발 나를 풀어주세요.

45과

ला

ला는 아랍어 어원의 접두사로서 '없는', '부재의' 등의 의미를 나타낸다.

1. राहित 없는, 부재의

(i) लाचार [ला + चार 방책] ⓐ 어쩔 수 없는, 강요된, 무력한, 속수무책인

- मैं लाचार था, कुछ नहीं कर सका।
  나는 어쩔 수 없었다, 아무것도 할 수 없었다.

- आपके पास सब कुछ है, आप इतने लाचार क्यों दिखते हैं?
  당신에게 모든 것이 있는데, 당신은 왜 이리 무력해 보입니까?

- हमारी सेना लाचार खड़ी रहेगी?
  우리의 군대가 속수무책으로 있을 것인가?

(ii) लापरवाह [ला + परवाह 주의] ⓐ 부주의한, 방심한, 무심한

- मेरा बेटा लापरवाह है।
  나의 아들은 부주의하다.

- परीक्षाएँ पास में हैं, इतना लापरवाह मत बन!
  시험이 가까운데 이렇게 방심하지 말아라!

- वह अपने कपड़ों को लेकर लापरवाह रहता था।
  그는 자신의 옷들에 대해서 무관심했었다.

(iii) लाजवाब [ला + जवाब 대답] ⓐ 대답할 수 없는, 독특한, 비교할 바 없는

- इस अध्यापक की पढ़ाने की शैली लाजवाब है।
  이 선생님의 가르치는 기법이 독특하다.

- उसकी सुंदरता लाजवाब है।
  그녀의 아름다움이 비교할 바 없다.

- उसका सोचने का ढंग लाजवाब है।
  그의 생각하는 방식이 독특하다.

(iv) लापता [ला + पता 자취] ⓐ 사라진, 분실된

- इंडियन एयर लायन का विमान लापता हो गया था।
  인디아 에어라인 비행기가 실종되었었다.

- तुम कहाँ लापता हो गए?
  너는 어디에서 실종되었니?

- बचपन में एक बार मेरा भाई दिल्ली में लापता हो गया था।
  어린 시절에 한번은 나의 형이 델리에서 실종되었었다.

(v) लाइलाज [ला + इलाज 치료] ⓐ 불치의, 낫지 않는

- केंसर एक लाइलाज बीमारी है।
  암은 불치병이다.

• टीवी कोई लाइलाज बीमारी नहीं है।
  결핵이 불치병은 아니다.

• इसका चरित्र बहुत बिगड़ गया है, यह लाइलाज हो गया है।
  이 사람의 성격이 매우 나빠져서 치료가 불가능해졌다.

46과

सर

सर는 페르시아어 어원의 접두사로서 '으뜸의', '주요한' 등의 의미를 나타낸다.

1. प्रधान, मुख्य 으뜸의, 주요한

(i) सरपंच [सर + पंच 다섯] ⓜ 마을 빤짜야뜨의 대표, 부락 5인 원로회의 대표, 마을 의장

- मेरे पिताजी कई वर्षों तक गाँव के सरपंच रहे।
  나의 아버지께서 몇 해 동안 빤짜야뜨의 대표를 지내셨다.

- वह संसद–सदस्य बनने से पहले सरपंच था।
  그는 의회 의원이 되기 전에 마을 의장이었다.

- मैं इस बार सरपंच का चुनाव लड़ूँगा।
  나는 이번에 마을 의장 선거에 나갈 것이다.

(ii) सरदार [सर + दार 소유자] ⓜ 우두머리, 수장

- नरेन्द्र मोदी इन दिनों भारत के सरदार हैं।
  나렌드라 모디는 현재 인도의 수장이다.

- आज से आप हमारी मंडली के सरदार हैं।
  오늘부터 당신은 우리 집단의 우두머리이다.

- तुम तो अपने आप गाँव का सरदार समझते हो!
  너는 스스로를 마을의 수장이라고 생각하는구나!

(iii) सरकार [सर + कार 하는 자] ⓕ 정부, 정권 ⓜ 위정자, 수장, 각하

- भारत में इन दिनों बीजेपी की सरकार है।
  인도에 요즘 BJP의 정부가 있다.

- मेरे सरकार कृपया मेरी मदद करें।
  나의 주군이 제발 나를 도우시길.

- कुलपति विश्वविद्यालय के सरकार होते हैं।
  총장은 대학의 수장이다.

47과

हम

हम은 페르시아어 어원의 접두사로서 '같은', '함께' 등의 의미를 나타낸다.

1. समान, साथ 같은, 함께

(i) हमउम्र [हम + उम्र 나이] ⓐ 동갑의

- मेरी पत्नी और मैं हमउम्र हैं।
  나의 아내와 나는 동갑이다.

- आप मेरे छोटे भाई के हमउम्र हैं।
  당신은 나의 남동생과 동갑이다.

- आप मेरे हमउम्र हैं, कृपया मेरा इतना आदर न कीजिए!
  당신은 나와 동갑이니, 나를 편하게 대하세요!

(ii) हमसफ़र [हम + सफ़र 여행] ⓐ 일행의, 동행의 ⓜ 동행자, 동반자

- मेरी पत्नी जीवन में मेरी हमसफ़र है।
  나의 아내는 인생에서 나의 동반자이다.

- हम दोनों शैक्षिक जीवन में हमसफ़र थे।
  우리 둘은 학문의 길에 동행자였다.

- जीवन की यात्रा में एक प्यारा हमसफ़र तो चाहिए ही।
  인생의 여정에 사랑스러운 동반자 한 명은 필요하다.

(iii) हमवतन [हम + वतन 나라] ⓐ 같은 나라의
ⓜ 같은 나라 사람, 동포, 겨레

- मेरे हमवतन भाई–बहनो! आप सबको मेरा सलाम!
  나의 동포 형제자매여! 여러분께 인사드립니다!

- आप तो मेरे हमवतन निकले!
  당신이 나와 한 겨레였군요!

- क्या वे दोनों हमवतन हैं?
  그 두 명은 같은 나라 사람이에요?

(iv) हमपेशा [हम + पेशा 직업] ⓐ (불변화 형용사) 직업이 같은,
같은 직업의

- वे दोनों हम–पेशा हैं।
  그들 둘은 직업이 같다.

- हमपेशा लोगों में परस्पर प्रतिस्पर्धा रहती है।
  우리 동종 업계의 사람들 사이에 상호 경쟁이 있다.

- पिताजी हमपेशा लोगों की बहुत मदद करते थे।
  아버지는 같은 직업의 사람들을 많이 도우셨었다.

(v) हमसबक़ [हम + सबक़ 수업] ⓐ 같이 공부하는 ⓜ 급우

- तुम्हारी माँ स्कूल में मेरी हमसबक़ थीं।
  너의 엄마는 학교에서 나의 급우였다.

• हम दोनों विश्वविद्यालय में भी हमसबक़ रहेंगे।
우리 둘은 대학에서도 같이 공부하게 될 것이다.

• मेरे सब हमसबक़ आज मुझसे कहीं बहुत आगे हैं।
나의 모든 급우들이 이제 나보다도 훨씬 앞서 있다.

(vi) हमदम [हम + दम 생명] ⓐ 절친한 친구, 배우자

• मेरा हमदम चला गया।
나의 절친한 친구가 죽었다.

• मेरे प्यारे हमदम, तेरा लाख–लाख शुक्रिया!
나의 친애하는 친구여, 천 번 만 번 고맙네!

• वे हमदम हैं, एक–दूसरे का साथ कभी नहीं छोड़ेंगे।
그들은 절친한 친구이다, 서로를 결코 저버리지 않을 것이다.

48과

हर

हर는 페르시아어 어원의 접두사로서 '각각의', '각자의' 등의 의미를 나타낸다.

1. प्रत्येक 각각의

(i) हरएक [हर + एक 하나] ⓐ 각기, 저마다, 각각

- हमने वहाँ हरएक आदमी को खाना खिलाया।
  우리는 거기에서 모든 사람들에게 음식을 먹였다.

- हरएक दिन अच्छा दिन है।
  매일이 좋은 날이다.

- हरएक लड़का पास हो गया।
  모든 남자아이들이 통과했다.

(ii) हरहाल [हर + हाल 상황] ⓜ 모든 상황

- तुम हरहाल में घर पहुँचो!
  너는 어떤 상황에도 집에 와라!

- मैं हरहाल में यह परीक्षा पास करूँगा।
  나는 어떤 상황에서도 이 시험에 통과할 것이다.

• सन्यासी हरहाल में ख़ुश रहता है।
고행자는 어느 상황에서도 기쁨을 유지한다.

(iii) हरगिज़ [हर + गिज़ 상태] ⓐⓓ 결코, 절대, 어떤 상황에서도

• मैं ऐसा काम हरग़िज नहीं कर सकता।
나는 이러한 일을 절대 할 수 없다.

• तुम्हें हरगिज़ यहाँ नहीं रहना चाहिए।
너는 결코 여기에 머물지 않아야만 한다.

• वह हरगिज़ चुनाव जीतेगा।
그는 어떤 상황에서도 승리할 것이다.

연습문제 ⑤

[1–11] निम्नलिखित उपसर्गों का अर्थों से उचित मिलान कीजिए।

1. कम	① 없는, 부재의, 아닌
2. ख़ुश	② 적은
3. ग़ैर	③ 좋은
4. ना	④ 주요한, 으뜸의
5. बद	⑤ 같은
6. बा	⑥ 각각의
7. बे	⑦ 다른, 없는
8. ला	⑧ 나쁜
9. सर	⑨ 가진, 포함한
10. हम	
11. हर	

[12–22] शब्दों के नीचे दिए गए मूल शब्द में जुड़े प्रत्यय के विकल्पों में से सही विकल्प चुनिए।

12. कमनसीब

① क + मनसीब ② कम + नसीब

13. ख़ुशक़िस्मत

① ख़ुश + क़िस्मत ② ख़ुशक़ि + स्मत

14. ग़ैरक़ानूनी

① ग़ै + रक़ानूनी ② ग़ैर + क़ानूनी

15. नापसंद

① न + आपसंद ② ना + पसंद

16. बदक़िस्मती

① बद + क़िस्मती ② बदक़ि + स्मती

17. बाईमान

① ब + आईमान ② बा + ईमान

18. बेअक़्ल

① ब + एअक़्ल ② बे + अक़्ल

19. लापरवाह

① ला + परवाह ② लाप + रवाह

20. सरपंच

① स + रपंच ② सर + पंच

21. हमउम्र

① हम + उम्र ② ह + मउम्र

22. हरएक

① हर + एक ② ह + रएक

[23–44] उन उपसर्गयुक्त शब्दों को चुनिए जो रेखांकित पदों के स्थान पर प्रयुक्त किए जा सकते हैं।

23. मेरी माँ का दिल बहुत शक्तिहीन है।

① कमज़ोर ② कमनसीब ③ कमअक़्ल ④ कमबख़्त

24. इत्र की अच्छी महक कहाँ से आ रही है?

① ख़ुशक़िस्मत ② ख़ुशख़बरी ③ ख़ुशहाल ④ ख़ुशबू

25. यह क़ानून के विरुद्ध होने वाला काम था।

① ग़ैरज़रूरी ② ग़ैरक़ानूनी ③ ग़ैरहाज़िर ④ ग़ैरआबाद

26. वह जीवन में बहुत अयोग्य निकला।

① नापसंद ② नामुमकिन ③ नालायक़ ④ नाकार

27. वह एक बहुत कुरूप आदमी था।

① बदसूरत ② बदक़िस्मती ③ बदतमीज़ ④ बदनाम

28. हम आपको सम्मान के साथ बुलाने आए हैं।

① बाईमान ② बाइज़्ज़त ③ बाक़ायदा ④ बाअदब

29. उस निर्दोष आदमी को जेल में डाल दिया गया।

① बेअक़्ल ② बेचारा ③ बेइज़्ज़त ④ बेक़सूर

30. मैं विवश था, कुछ नहीं कर सका।

① लापरवाह ② लाचार ③ लाजवाब ④ लापता

31. नरेन्द्र मोदी इन दिनों भारत के नेता हैं।

① सरपंच ② सरगम ③ सरदार ④ सरताज

32. क्या वे दोनों एक ही देश के रहने वाले हैं?

① हमवतन ② हमसफ़र ③ हमपेशा ④ हमसबक़

33. हमने वहाँ प्रत्येक आदमी को खाना खिलाया।

① हरहाल ② हरगिज़ ③ हरवक़्त ④ हरएक

34. उस अभागे इनसान को कौन संभालेगा?

① कमज़ोर ② कमबख़्त ③ कमअक़्ल ④ कमउम्र

35. मैं यह शुभ समाचार पिताजी को सुनाऊँगा।

① ख़ुशख़बरी ② ख़ुशदिल ③ ख़ुशहाल ④ ख़ुशमिज़ाज

36. तुम्हारा बार–बार बोलना आवश्यक नहीं है।

① ग़ैरक़ानूनी ② ग़ैरहाज़िर ③ ग़ैरज़रूरी ④ ग़ैरज़िम्मेदारी

37. पत्थर से तेल निकलना असंभव है।

① नाराज़ ② नासमझ ③ नाबालिग़ ④ नामुमकिन

38. वह ऐसा लड़का था जो शिष्टाचार न जानता हो।

① बदनाम ② बदतमीज़ ③ बदबू ④ बदहज़मी

39. वह नियमित रूप से मुझसे पढ़ता रहा।

① बाईमान ② बाइज़्ज़त ③ बाक़ायदा ④ बावजूद

40. वह असहाय लड़का फेल हो गया।

① बेआबरू ② बेचारा ③ बेअसर ④ बेअदाज़

41. तुम कहाँ ग़ायब हो गए?

① लाइलाज ② लावारिस ③ लाचार ④ लापता

42. भारत में इन दिनों बीजेपी है जो देश का शासन करने वाली संस्था है।

① सरपंच ② सरकार ③ सरदार ④ सरताज

43. मेरा घनिष्ठ मित्र चला गया।

① हमदम ② हमदर्द ③ हमराह ④ हमउम्र

44. वह किसी भी हालत में चुनाव जीतेगा।

① हरदिल ② हररोज़ ③ हरगिज़ ④ हरतरफ़

[45–55] निम्नलिखित शब्दों से मूलशब्द और उपसर्ग अलग कीजिए।

45. कमअक़्ल ______ ______

46. ख़ुशख़बरी ______ ______

47. ग़ैरहाज़िर ______ ______

48. नामुमकिन ______ ______

49. बदतमीज़ ______ ______

50. बाक़ायदा ______ ______

51. बेक़सूर ______ ______

52. लाइलाज ______ ______

53. सरकार ______ ______

54. हमपेशा ______ ______

55. हरहाल ______ ______

정답

[1–11]

1 ②
2 ③
3 ⑦
4 ①
5 ⑧
6 ⑨
7 ①
8 ①
9 ④
10 ⑤
11 ⑥

[12–22]

12 ②
13 ①
14 ②
15 ②
16 ①
17 ②
18 ②
19 ①
20 ②
21 ①
22 ①

[23–44]

23 ①
24 ④
25 ②
26 ③
27 ①
28 ②
29 ④
30 ②
31 ③
32 ①
33 ④
34 ②
35 ①
36 ③
37 ④
38 ②
39 ③
40 ②
41 ④
42 ②
43 ①
44 ③

[45–55]

45 कम / अक़्ल
46 ख़ुश / ख़बरी
47 ग़ैर / हाज़िर
48 ना / मुमकिन
49 बद / तमीज़
50 बा / क़ायदा
51 बे / क़सूर
52 ला / इलाज
53 सर / कार
54 हम / पेशा
55 हर / हाल

힌디어 단어형성법 II 접두사

초판 인쇄 2021년 8월 16일
초판 발행 2021년 8월 25일

지은이 최종찬 · Om Nath Bimali · 김용정
발행인 윤성우 **Director, University Knowledge Press**
편집장 신선호 **Executive Knowledge Contents Creator**
도서편집 이근영 **Contents Creator**
장혜정 **Contents Creator**
디자인 우승민 **Designer**
한 지 **Designer**
재무관리 조아라 **Managing Creator**
정윤경 **Managing Creator**
사전·홍보물 장지혜 **Contents Creator**
발행처 한국외국어대학교 지식출판콘텐츠원
02450 서울특별시 동대문구 이문로 107
전화 02)2173-2493~7
FAX 02)2173-3363
홈페이지 http://press.hufs.ac.kr
전자우편 press@hufs.ac.kr
출판등록 제6-6호(1969. 4. 30)
인쇄·제본 (주)트윈벨미디어 02)2088-1810

ISBN 979-11-5901-869-5 [93790] 정가: 25,000원

* 잘못된 책은 교환하여 드립니다.

HU:iNE은 한국외국어대학교출판부의 어학도서, 사회과학도서, 지역학 도서 Sub Brand 이다. 한국외대의 영문명인 HUFS, 현명한 국제전문가 양성(International+Intelligent)의 의미를 담고 있으며, 휴인(携引)의 뜻인 '이끌다, 끌고 나가다'라는 의미처럼 출판계를 이끄는 리더로서, 혁신의 이미지를 담고 있다.